KB000836

엄마 말대로 그때 아파트를 샀어야 했다

고용 없는 경제성장시대에 '집'이란 무엇인가?

●

경신원 지음

사무사책방
Manifesto

엄마 말대로 그때 아파트를 샀어야 했다

고용 없는 경제성장시대에 '집'이란 무엇인가?

경신원 지음

차례

Chapter 03

우리에게 집이란?

'아파트'와 '강남'에 대한 약간 진지한 수다

집이란 무엇인가?

어릴 적부터 집에 대한 관심이 무척 많았다. 집에 대한 나의 관심은 아버지가 해외 출장에서 사다 주신 레고Lego를 갖고 놀면서부터 시작된 것으로 미루어 짐작된다. 7, 8세 용의 매우 단순한 집 만들기 레고 시리즈 중 하나였는데도 시간이 가는 줄 몰랐다. 마당에는 울타리를 둘러치고 꽃과 나무를 심고, 벽돌로 집의 벽면을 쌓고, 현관문과 창문을 달고, 지붕을 얹으면서 집의 구조에 대해서 조금씩 이해하기 시작했다. 그림 그리는 걸 즐겨하던 나는 틈만 나면 어떤 집에 살고 싶은지 하얀 도화지 위에 그려놓고는 했다. 하얀 벽돌에 붉은색 지붕이 있는 이층집과 현관 앞에는 꽃나무가 심겨져 있고, 파란 잔디에 어머니와 아버지, 언니, 그리고 나, 강아지가 서 있었던 것으로 기억된다.

9 대부분 사람에게 집^{Home}은 이런 공간이다. 집은 '가족이 함께하는 공간'이자 '가족의 안식처'다. 이 책을 쓰기 위해 만난 사람들에게 '집이란 무엇인가'라는 질문을 했을 때도 비슷한 답변들을 했다. 간혹 집의 자산적 가치에 대해서 이야기하는 경우도 있었지만, 많은 사람에게 집은 '나와 가족이 마음 편히 쉴 수 있는 공간'으로 표현되었다.

흥미로운 건 사람들에게 집은 여전히 '사는 곳'으로 인식되고 있으나, 우리 사회에서 지속적인 논쟁의 대상이 되는 것은 '사는 것'으로서의 집, 즉 집이 지닌 '자산적 가치'라는 점이다.

집에 관한 이야기를 쓰고 싶다고 마음먹은 건 꽤 오래전 일이다. 영국에서 박사 과정에 있으면서 주택과 관련한 각 나라의 다양한 정책을 공부하면서, 모든 정부가 우리나라처럼 '자가보유율'을 높이려고 애쓰지 않는다는 사실을 확인했다. 짐 케메니^{Jim Kemeny} 교수님이 1981년에 쓰신 「The Myth of Home-ownership: Private Versus Public Choices in Housing Tenure」는 자가보유에 대한 각 나라별 시각 차이를 잘 설명해주고 있다. 자가보유율에 대한 지나친 집착보다 중요한 건 국민들이 살아갈 수 있는 적절한 '주거환경'과 '주거안정'을 보장하는 것이다.

1990년대 말 국가부도의 위기가 발생하기 전까지 경제발전이 가장 우선이었던 우리나라에서 주거 문제는 전적으로 개

아홉 살 조효은 어린이에 의해 재현된 어린시절 꿈꾸던 집에 대한 기억

인이 해결해야 할 몫이었다. 경제가 발전하게 되면, 부의 축적이 이루어지고 국민 각자는 자연스럽게 주택을 소유하게 되리라는 것이 정부의 생각이었다. 정부는 '1가구 1주택' 같은 자가보유를 지속적으로 권장하는 주택정책을 추진했지만, 이를 위한 시스템을 제대로 갖추는 일에는 무심했다.

주택시장에서의 정부의 개입은 미친 듯이 오르는 주택가격을 잡기 위한 강력한 규제를 통해 이루어졌다. 정부의 이러한 규제에도 불구하고 주택가격은 1997, 1998년 국가부도 사태와 2008년 세계경제위기 때를 제외하고는 한 번도 내려간 적이 없었다.

치솟기만 하는 주택가격만큼 주택에 대한 사회적 열망도 높아만 갔다. 우리 사회의 주택에 대한 지나칠 정도의 집착은 왜 수그러들지 않는 걸까?

주거를 포함한 사회복지 시스템이 제대로 발전하지 못했던, 우리나라를 포함한 신흥발전국가들Newly Industrialized Countries 에서 나타나는 특징은 주택이 거주공간으로서의 기능뿐만 아니라 그들의 노후를 책임지는 '복지'의 수단, 즉, '주택을 기반으로 한 복지 시스템Housing-based welfare system'으로 자리 매김하게 되었다는 점이다. 그렇기 때문에 주택이 지닌 자산적 가치는 매우 중요하다. 너도 나도 삭막한(?) 아파트에 살고 싶어하는 이유는 아파트라는 주택형태가 특별히 좋다기보다는 아파트가 지닌 환금성과 재산증식 효과 때문이다. 실제로 지난 10년 동안 아파트의 수익률은 60%로 주식과 정기예금보다 20%나 높은 것으로 나타났다.(고재학, 2018)

강남에 대한 식을 줄 모르는 사회적 욕망은 바로 여기에서 비롯된다. 강남의 과열된 주택시장을 규제하기 위해 역대 정부들은 가능한 모든 방법을 다 동원했다고 해도 과언이 아니다. 그러나 이를 비웃기라도 하는 듯, 강남의 아파트 가격은 천정부지로 오르기만 했다. 더구나 정부의 대출규제로 이제는 현금부자가 아닌 이상 강남에 아파트를 매입할 수도 없게 되었다. 정부의 규제가 강화될수록, 소수에게만 자가 보유의 기회가 주어지는 강남 아파트의 자산적 가치가 점점 더 높아지게 되는 건 어찌 보면 당연한 일이다. 고재학 논설위원은 '강남 아파트는 자본주의적 욕망의 분출구이자 전국의 돈을 끌어들이는 공룡'이라고 표현했다.(《한국일보》, 2018년 7월 2일)

이 책은 "우리 사회에서 '집'은 어떤 의미이며, 집의 자산적 가치와 연관된 '강남'이라는 특별한 공간에 규정된 정체성은 과연 누구에 의해 형성되는 것이며, 우리는 그것을 어떻게 받아들이고 있는 것인가?"에 대한 궁금증에서 시작되었다.

이 책의 주인공은 30년 나이 차이가 나는 두 모녀. 우리 사회에서 굶주림과 풍요로움을 동시에 경험한 유일한 세대인 1945년생 어머니와 처음으로 '나' 자신을 표현하기 시작한 세대였지만, 대학교 졸업과 동시에 국가부도 위기를 경험한 불우한 세대인 1975년생 딸의 눈을 통해 바라본 집과 강남에 관한 이야기다.

이 책의 1부는 2017년 8월, 다주택자는 집을 팔거나 임대사업자로 등록하라는 정부의 권유에 따라 70이 넘은 나이에 임대사업자가 된 어머니에 관한 이야기다. 해방둥이 세대인 어머니는 셋방살이, 내 집 마련, 아파트 이주를 경험하고 마침내 강남 진입에 성공한 우리 사회의 전형적인 중산층이다. 어머니 세대에게 집은 일차적으로 '사는 곳'으로서의 거주 공간이지만, 이와 동시에 자식과 자신의 노후를 위해 반드시 마련해야 하는 '사는 것'으로서 생계수단이다.

2부는 2019년 12월 하루가 다르게 급등하는 전세가격을 보며 어머니 말대로 집을 샀어야 했다고 후회하는 1975년생 큰딸의 이야기다. 어머니와 달리 집은 '사는 것'이 아니라 '사는 곳'이라며 내 집 마련 따위는 관심 없었던, 큰딸은 전세입자로 겪는 주거 불안정으로 인해 마침내 집은 역시 '사야 하는 것'이라는 깨달음을 얻는다. 그러나 큰딸 세대에게 가장 중요한 것은 더 이상 내 집 마련에 있지 않다. 내가 어렵게 마련한 그 집이 어디에 위치하는지가 바로 자신의 사회적, 경제적 위치를 말해주는, 주택이 상품화Housing commodity 된 시대에 살고 있다.

2020년 한 해 동안 이 책을 쓰기 위해 많은 분들을 만났다.

오랜만에 어머니와 어릴 적 앨범을 꺼내 지난 추억을 나누었다. 기억이 점차 희미해지시는 어머니는 신기하게도 몇십 년 전 일들을 엊그제 일어난 일처럼 기억했다. 그리고 어머니의 친구분들을 만나 그분들의 지난 삶의 여정에 대해서 들었다. 주택 마련은 그분들에게 삶의 목표였다고 해도 과언이 아니었다.

또한 나의 지인들과 그들의 소개로 만난 이들과 집과 강남에 대한 솔직한 대화를 나누었다. 이들은 서울에서 최대 주택 구매층으로 떠오른 30대와 주거환경이 뛰어난 서초와 강남권의 입성을 서두른다는 40대들이다. 주택과 관련한 지극히 사적이고, 흥미로운 이야기를 나와 함께 나누어주신 모든 분들께 감사의 마음으로 이 책을 드린다.

2021년 여름
경신원

참고문헌

고재학, 「'강남 아파트'라는 괴물」, 《한국일보》, 2018.7.2.

Chapter 01

엄마 이야기
75세 임대사업자가 되었다

1945년생인 그녀가 70이 넘은 나이에 임대사업자가 된 이유는 아주 간단했다. 2017년 무더운 여름을 더욱더 뜨겁게 달구었던 8·2 부동산 대책 때문이었다. '실수요 보호와 단기 투기수요 억제'를 통해서 주택시장을 안정화하겠다고 약속한 문재인 정부의 강력한 대책방안이다. 8·2 부동산 대책의 주요 내용은 다주택자에 대한 양도소득세 중과세다. 국토부 장관은 주택공급이 큰 폭으로 늘었음에도 자기 집을 가진 가구가 늘지 않는 이유가 "집을 많이 가진 사람이 또다시 집을 사들이고 있기 때문"이라고 설명했다.

텔레비전을 켤 때마다 "내년(2018) 4월까지 시간을 드렸으니, 임대사업자로 등록을 하거나 아니면 자기가 사는 집이 아닌 집은 좀 팔라"고 권고하는 국토교통부 장관의 핏대 선 얼굴이 화면에 가득했다.

해방둥이 세대로서는 조금 늦은 나이인 20대 후반에 결혼하기 전까지 직장생활을 한 것이 전부인 그녀가 난데없이 사업자 등록을 한 것이다. 비록 정부의 부동산 대책에 떠밀려 임대사업자로 등록했지만, 그녀는 내심 뿌듯했다. '임대사업자'라는 직함이 생긴 것이다. 왠지 신혼 때부터 지금까지, 지난 50여 년간 노력이 결실을 보는 기분이었다. 한편으로는 다주택자 모두를 투기꾼으로 몰아세우는 지금의 사회적 상황이 편하지는 않았다.

물론 서울에서 절반이 넘는 사람이 집이 없는 상황에서 주택을 여러 채 소유했다는 사실은 이들에게 상대적 박탈감을 느끼게 할 수 있다는 것을 잘 안다. 그러나 다주택자가 다 불법적인 투기행위를 하는 것은 아니지 않은가.

정부는 '집을 거주공간이 아니라 투기수단으로 전락시키는 일'을 용납하지 않겠다고 으름장을 놓았지만, 실상 부동산시장에서 투기와 투자를 어떻게 구분할 수 있는지 도대체 알수 없다. 부동산에 투자하는 것이 주식에 투자하는 것과 무엇이 다르냐 말이다.

부동산 시장이나 주식시장이나 모두 가격이 오를 것이라는 기대감으로 뛰어드는 것이 아닌가.

그녀의 동창들은 대부분 자식들을 위해 아파트나 오피스텔 한 채씩은 따로 마련해놓고 있다. 그렇지만 누구도 투기할 만큼 배포가 크지도 못하고, 그럴 만한 금전적 여유도 없었다. 다들 빠듯한 월급쟁이 생활에 뽀글이 파마머리로 1년을 버텼다. 남편들도 단벌신사이기는 마찬가지였다. 아이들에게도 꼭 필요한 물건이 아니면 아무리 졸라도 사주지 않았다. 외식도 1년에 몇 번, 특별한 날에만 했다. 어쩌다 받는 보너스는 전부 은행 금리가 높은 적금에 묶어두거나 위험을 무릅쓰고 곗돈을 부었다.

이렇게 아껴 모은 돈으로 로또복권 같은 아파트 청약에 목을 맸다. 그때는 다 그랬다. 오죽하면, 자식이 대학에 합격한 것보다 아파트(1990년 경기 성남시 분당구 이매동)에 당첨된 기쁨이 더 컸다고 할까. "어머니는 둘째가 불합격한 슬픔보다 아파트에 당첨된 기쁨이 더 컸다"고 식구들에게 털어놨다. 1억 8,000만 원에 분양받은 이 아파트 매매가는 주택시장 호황기였던 2006년 무렵 딱 10배로 가격이 뛰었다. 직장인 임 씨(45)는 "부모님은 이 아파트 덕에 여유로운 노년기를 보내고 있고, 우리 자녀들도 중산층으로 가는 사다리를 대물림받을 수 있었다"고 말했다.(《동아일보》 2014년 8월 23일)

30년이 지났지만 상황은 하나도 나아지지 않았다. 서울과

연도별 소득 대비 주택가격비율 [PIR]

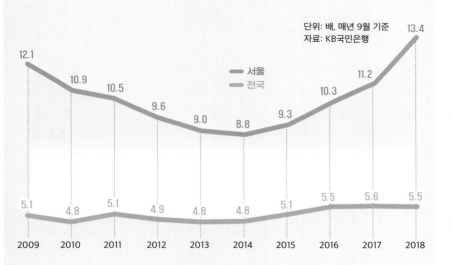

단위: 배, 매년 9월 기준
자료: KB국민은행

● 서울
● 전국

2009	2010	2011	2012	2013	2014	2015	2016	2017	2018
12.1	10.9	10.5	9.6	9.0	8.8	9.3	10.3	11.2	13.4
5.1	4.8	5.1	4.9	4.8	4.8	5.1	5.5	5.6	5.5

출처: 《동아일보》, 2019년 1월 26일.

75세 임대사업자가 되었다

수도권의 아파트 청약시장은 날이 갈수록 뜨거워지고 있다. 부동산 114에 따르면, 2020년 서울의 아파트 평균 청약경쟁률은 99.3대 1로 사상 최고치를 기록했다. 수도권 아파트의 평균 청약경쟁률도 40.7대 1에 달했다. 전 지역이 투기과열지구로 묶인 서울에서 부모의 도움 없이 자기 집을 마련하는 것은 거의 불가능한 상태가 되어버렸다. 은행에서 주택을 담보로 한 대출비율도 40%밖에 되지 않기 때문이다.[1]

KB국민은행에서 발표한 소득 대비 주택가격비율(PIR)을 살펴보자.[2] 서울에서 평균 수준의 소득을 버는 가정이 한 푼도 쓰지 않고 13.4년을 모아야 평균에 해당되는 집(2019년의 경우 8억 4,502만 원)을 살 수 있다.

2017년 대외경제정책연구원에서 2017년 3분기(7~9월) 기준으로 전 세계 주요 도시의 PIR을 집계하여 비교한 자료에 따르면, 서울은 11.2년으로 홍콩(19.4), 베이징(17.1), 상하이(16.4) 보다 낮게 나타났다. 하지만, 주택가격이 비싸기로 유명한 런던(8.5), 뉴욕(5.7), 도쿄(4.8)보다 훨씬 높다.

서울은 2009년부터 2014년까지 PIR이 12.1에서 8.8로 낮아졌다가 다시 가파르게 증가하고 있다.

한국감정원 통계를 보면, 주택시장은 문재인 정부의 약속과는 정반대의 방향으로 흘러가고 있다.

서울 아파트 중위가격

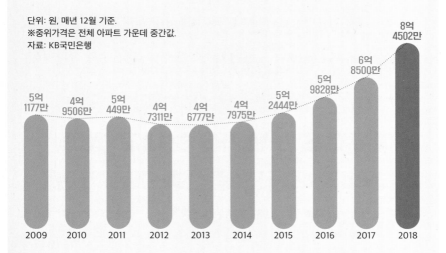

단위: 원, 매년 12월 기준.
※중위가격은 전체 아파트 가운데 중간값.
자료: KB국민은행

연도	가격
2009	5억 1177만
2010	4억 9506만
2011	5억 449만
2012	4억 7311만
2013	4억 6777만
2014	4억 7975만
2015	5억 2444만
2016	5억 9828만
2017	6억 8500만
2018	8억 4502만

출처: 《동아일보》, 2019년 1월 26일.

1억 8,000만 원에 분양받은 아파트 매매가는 2006년 무렵 딱 10배로 가격이 뛰었다. 직장인 임 씨(45)는 "부모님은 이 아파트 덕에 여유로운 노년기를 보내고 있고, 우리 자녀들도 중산층으로 가는 사다리를 대물림받을 수 있었다"고 말했다.

소득 대비 서울 아파트 가격 테이터 [PIR지수]

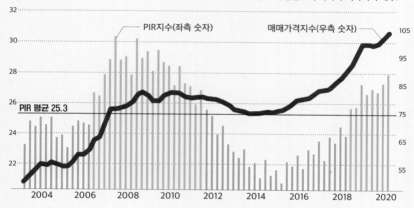

※PIR지수는 가계 연간소득 대비 주택가격의 배수.

PIR지수(좌측 숫자)

매매가격지수(우측 숫자)

PIR 평균 25.3

출처: 《매일경제》, 2020년 4월 24일.

2017년부터 2020년까지, 지난 3년 동안 20개가 넘는 강력한 부동산 대책방안을 발표했지만, 서울의 집값은 2017년 5월 이후 지속해서 상승했다.

특히 강남 4구(강남, 서초, 송파, 강동)의 아파트 가격은 큰 폭으로 오르고 있다. 정부가 주택가격을 잡으려고 하면 할수록 더 멀리, 더 빨리 달아나고 있다. 매매가격뿐만 아니라 전세값도 사상 최고 수준을 기록하고 있다.

2020년 1월 17일 KB 부동산의 주간 주택시장 동향에 따르면, 서울의 아파트 주간 전셋값 지수는 2008년 4월 이후 가장 높은 수치를 보였다.

진작부터 자식들을 위해 주택을 하나 더 마련해놓은 것이 정말 다행이라고 생각되는 요즘이다. 그녀의 동창들은 한결같이 입을 모아 자식들에게 셋방살이의 설움을 겪게 하고 싶지 않다고 했다. 셋돈을 못 구해서 발을 동동 구를 때 누구 하나 도움을 주었던가 말이다.

대출을 받으려고 해도 은행 문턱은 한없이 높기만 했다. 정부가 아무리 비난해도 자신이 한 행동이 그토록 파렴치한 행동인지 납득되지 않았다.

정부가 하라는 건 다했다. 내라는 세금 꼬박꼬박 다 내고 70이 넘은 나이에 임대사업자로 등록까지 했다. 다주택자라는 이유만으로 어떻게 그녀가 소위 '복부인'이라 불리는 그들과 동일시될 수 있단 말인가.

주

[1] 2020년 1월 1일부터 6월 11일까지 평균 청약경쟁률.

[2] PIR은 소득 1~5분위 가운데 중간값(3분위)에 해당되는 주택이 가구 연소득 평균값의 몇 배에 달하는지 매달 계산한 것이다. 2019년 9월 서울의 PIR은 13.4이다.

1970년 11월 5일 서울시는 "과밀화되어가는 구시가지의 인구를 한수 이남으로 분산하고 새 서울의 균형 발전을 위해 남서울 개발을 추진한다"는 내용의 '서울시 도시기본계획'을 발표했다. 급팽창하는 강북의 인구를 분산하려고 정부는 강남 개발정책을 강력하게 추진했다. 강북의 명문 학교들을 강남으로 이전시켜 '강남 8학군'을 조성하고, 법원과 검찰청 같은 공공기관과 고속버스터미널을 강남으로 이전했다. 그뿐만 아니라 애초 강북 왕복노선으로 계획되었던 지하철 2호선을 강남을 포함한 순환노선으로 변경해 건설했다.

강남구는 정부의 남서울 개발계획에 따라 1975년 탄생했다. 당시 강남구의 면적은 상당히 커서 오늘날 강남구, 서초구, 송파구를 모두 포함했다. 이듬해인 1976년 반포동, 압구정동, 청담동, 도곡동이 '아파트 지구'로 지정됐다. 1970년대 우리 사회는 비로소 지독한 가난에서 벗어나 어느 정도 먹고살 만하게 되었고, 집다운 집에 살아보고 싶은 욕구가 팽배했다. 주택보급률을 높이기 위해 '주택건설 10개년 계획'(1972~1981), '국민주택건설촉진법'(1973) 등이 제정되었고 집합주택 단지의 개발이 본격적으로 시작되었다.

강북의 미아리와 수유리, 장위동에 모여 살던 그녀의 동창도 하나둘씩 강남의 아파트로 이사를 갔다. 수유리 방 한 칸에서 셋방을 살던 그녀의 동창 순자는 1970년대 초반 '화곡동 10만 단지'의 단독주택으로 전세를 가더니 몇 년 지나지 않아 강남으로 이사를 갔다. 셋째 아이를 임신한 데다가 집주인이 터무니없이 전세가를 올려달라고 해, 소문으로 듣던 반포주공아파트를 찾아갔다.

반포주공아파트는 1973년 대한주택공사가 건설한 최초의 주공아파트 단지였다. 총 99개 동으로 된 대규모 아파트 단지로 평형도 22평부터 62평까지 매우 다양했다. 국내 최초로 복층 설계를 도입했을 뿐만 아니라 지역난방시설도 설치한 최신형 아파트였다. 분양 당시 반포주공아파트의 이름은 서울의 남쪽에 있는 아파트라는 의미로 '남서울 아파트'였다. 분양 광고에는 서울의 사대문 안인 남대문과 서울시청에서 멀지 않다는 점을 강조했다.

불편한 단독주택에만 살다가 처음 본 아파트의 현대식 시설과 깔끔한 단지에 반해 순자는 22평 아파트를 400만 원가량에 계약했다. 아파트 단지 내에서 가장 작은 평형이었지만, 70대 중반이 되어서도 계약하던 날의 기쁨을 잊을 수 없다고 했다. 남편이 언론사에 다녔던 순자는 다른 동창들보다 빨리 집을 장만해 부러움과 시샘을 한 몸에 받았다.

22평 아파트를 사고 난 이후에도 순자는 억척같이 돈을 모아 2년 만에 반포주공아파트 32평을 1,000만 원에 매입해 이사했다. 반포주공아파트는 대학교수들이 많이 살아서 교수 아파트로도 불리던 고급 아파트였다. 강남의 아파트 가격

---

1   반포주공아파트 1단지 분양광고

출처: 《서울경제》, 2018년 7월 4일.

은 해를 거듭할수록 올랐다. 순자는 미국 주재원으로 발령을 받은 남편을 따라 출국 준비를 하면서 1980년 반포주공아파트를 3,000만 원에 매매했다. 3년 만에 3배가 오른 것이다.

1970년대 이후, 강남의 토지 가격은 1년 사이에 10배 이상 뛰어오르기도 했다. 1963년 1평(3.3m²)당 400원 하던 강남의 토지 가격은 1970년 2만 원, 1975년 10만 원, 그리고 1979년에는 40만 원으로 폭등했다. 16년 만에 토지 가격이 1,000배나 오른 것이다.

강남 일대의 토지는 집중적인 투기의 대상이 되었다. 일부 상류층 가정주부들도 강남 개발 열풍에 합류했다. '투기를 위해 복덕방을 수시로 출입하는 상류층 부인'을 의미하는 복부인이라는 신조어를 언론에서 사용하기 시작했다. 특히 1978년 특혜 분양된 압구정동 현대아파트 단지가 투기의 상징적인 대상이 되면서 복부인이라는 단어가 대중화되었다.

현대건설은 "50가구 이상의 주택을 건설하는 사업자는 공개 분양해야 한다"는 주택건설촉진법을 무시하고 정부 관리, 국회의원, 대학교수 등 고위급 인사들에게 주변 집값의 50% 수준으로 특혜 분양을 했다.(정기수, 1990) 현대아파트는 분양과 동시에 5,000만 원의 프리미엄이 붙었다. 당시 분양가

1963~1979년 강남 지역의 지가 상승

※지가는 m² 당.

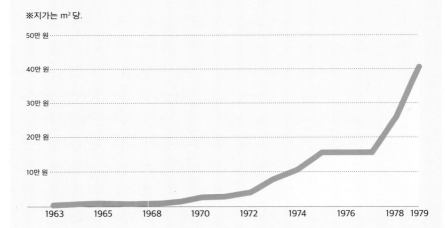

출처: 『강남구지』, 1993.

엄마 이야기

가 1평당(3.3m²) 44만 원 정도였다고 하니, 30평 이상의 아파트 한 채 가격에 해당하는 금액이 프리미엄으로 붙은 것이다. 압구정동 현대아파트 단지는 40여 년이 흐른 지금까지 우리나라 최고의 아파트값을 자랑하는 대한민국 1번지다.

이 무렵 임권택 감독은 사회고발 블랙 코미디 영화 〈복부인〉을 제작해 광복절 단성사에서 개봉했다. 주연은 당대 최고의 여배우였던 한혜숙이 맡았고, 서울에서만 15,761명의 관객을 동원했다. 영화는 생활비 문제로 남편과 말다툼을 벌이던 주인공(한 여사)이 운 좋게 아파트 입주 청약에 당첨되어 하루아침에 500만 원이라는 큰돈을 벌게 되는 이야기로 시작된다.

---

2 1981년 12월 현대건설이 준공한 압구정동 현대아파트 단지

출처: 《경인일보》, 2018년 12월 1일.

복부인이 된 한 여사는 토지사기단과 함께 부동산 투기에 가담해 거액의 재산을 모으게 되지만, 결국 사기단에게 재산을 모두 빼앗기고 경찰에 연행된다.

영화 〈복부인〉의 결말과는 달리 우리 사회의 복부인은 빨간 바지를 입고 강남의 투기 현장을 누비고 다녔다. 복부인의 상징처럼 되었던 '빨간 바지'는 연희동의 '그녀', 전두환 전 대통령 부인 이순자 씨를 상징하는 표현이었다. 마치 이들은 '어떤' 지역이 '언제' 개발될지 미리 아는 듯했다. 복부인들이 휩쓸고 간 지역은 어김없이 땅값이 올랐고 그녀들은 엄청난 시세차익을 챙겼다.

그녀의 동창 중 가장 빨리 강남에 진입한 순자도 마찬가지였

---

3   임권택 감독의 영화, 복부인 포스터

다. 물론 순자는 복부인의 발꿈치도 따라가지 못했지만, 신기하게도 사는 아파트마다 가격이 올랐다. 1980년 반포주공아파트를 3,000만 원에 매매하고 난 뒤, 순자는 지인의 소개로 대치동에 미분양된 청실아파트 43평 아파트를 3,600만 원에 매입해 전세를 주고 미국으로 떠났다. 그때까지도 강북의 장위동에 살던 그녀는 한 번도 들어보지 못한 대치동이라는 동네에 거금을 주고 아파트를 덜컥 사는 순자가 이해되지 않았다. 그것도 미국으로 떠나는 마당에 말이다.

순자는 반포주공아파트에 거주하면서 강북에 있던 좋은 학교들이 대치동으로 이전한다는 이야기를 들었다. 3년의 미국 특파원 생활을 마치고 돌아오면 세 아이 모두 학교에 들어가야 하기 때문에 학군을 고려해 아파트를 매입했다고 설명했다. 세상 돌아가는 일에 빠꼼이였던 순자는 학군과 주택 가격의 상관관계를 이해하는 듯했다. 이미 '강남 엄마'가 된 것이다.

참고문헌

전남일, 『한국 주거의 사회사』, 돌베개, 2008.
정기수, 「부의 '명문' 압구정동, 그늘 없는 아파트촌」, 《시사저널》(1990.12.27.).
손정목, 『서울 도시계획 이야기』, 한울, 2003.

1973년 그녀가 가장 사랑하는 계절, 가을의 마지막 날 6남
매 맏이와 시민회관에서 결혼했다. 제일 앞줄, 한복을 곱게
입고 앉아 있는 친정엄마를 보는 순간 알 수 없는 울컥함이
밀려와 흐르는 눈물로 난생처음 붙여본 속눈썹 절반이 다 떨
어져 나갔다.

광복 이후 1961년 개관한 시민회관은 시민들이 유일하게
이용할 수 있었던 문화예술공연장소였다. 주머니 사정이 넉
넉지 않았던 시절, 1968년 6월 내한한 샹송 가수 이베트 지
로Yvette Giraud의 공연을 남편과 보기 위해 몇 달치 봉급을 아
끼고 모았다.

아시아에 샹송 붐을 주도한 이베트 지로는 한국과 일본에서 자주 공연을 했다. 음악다방에서 친구와 커피를 홀짝이며 듣던 샹송을 직접 듣고 싶어 시큰둥해하는 남편 손을 잡아끌고 갔다.

연애시절 추억의 장소가 1972년 화재로 소실되어버렸다. 6년 뒤, 3,800석 이상의 대극장과 532석의 소극장을 갖춘 최대 규모의 종합 공연장인 세종문화회관이 개관되었지만, 그녀는 시민회관이 그리웠다. 아니, 시민회관에서 보낸 그녀의 푸르른 청춘이 그리웠다. 딸들과 함께 세종문화회관으로 공연을 보러 올 때마다 화재로 사라져버린 그녀의 결혼식 장소, 시민회관에서의 추억 이야기를 들려주었다.

---

1   이베트 지로가 우리말로 취입해 1963년 발표한 음반 재킷

출처: 《서울신문》, 2007년 2월 8일.

시부모님과 시동생들까지 모시고 셋방살이로 성북구 장위동에서 신혼살림을 시작했다. 다행히 그녀의 동창들도 근처에 살아서 미아시장에서 곧잘 마주치곤 했다. 동창들과 마주칠 때면 시장 구석에 서서 어떻게 하면 집을 마련할까 한참을 떠들었다.

모두가 가난했지만, 그때는 열심히 노력하면 잘살 수 있다는 희망이 있었다. 시부모와 시동생들 뒷바라지로 빠듯한 살림이었지만, 남편의 안정적인 직장과 공부를 잘 마치고 취직한 착한 시동생들 덕분에 셋방살이 3년 만에 집을 장만할 수 있었다. 은행에서 약 800만 원을 대출받아 2,350만 원에 매입했다. 40여 년이 흐른 지금에도 그 숫자를 또렷이 기억할 수 있다.

2　　서울시민회관 전경

출처: 백과사진첩.

온 가족이 힘을 합쳐 마련한 집이었다. 그 집으로 이사 오던 날은 온 세상을 다 얻은 듯이 기뻤다. 골목길로 들어서자마자 집집마다 빨간 장미꽃이 만발해 있었다. 아랫동네에 세들어 살면서 늘 동경하던 그 윗동네로 이사 온 것이다. 이 골목길을 얼마나 다녔는지 말이다. 집이 나왔다는 말만 들으면 복덕방 아저씨를 앞세워 수도 없이 보러 다녔다. 커다란 철대문을 열고 들어가면 작은 마당이 나왔다. 마당을 따라 들어가면 추운 겨울을 따뜻하게 날 수 있는 연탄을 100장도 넘게 보관할 수 있는 넉넉한 창고가 있었다. 창고 앞의 수돗가를 지나 걸어 들어가면 부엌으로 연결되었다. 윗동네라 전망도 좋았다. 장위동이 다 보이는 것 같았다.

이제 집주인 눈치 보지 않고 큰소리로 이야기할 수 있고, 부

3　　1970년대 흑백 TV

출처: 삼성전자.

엌에서 냄새나는 음식도 해먹을 수 있고, 아이들이 마음껏 뛰어놀 수도 있게 되었다. 먹고 싶은 것, 입고 싶은 것 다 참고 마련한 집이었다. 시동생들은 돈을 모아 시부모님 방에 텔레비전을 놓아드렸다. 시아버님은 전기세가 아까워 저녁 뉴스만 보셨다. 드라마가 보고 싶었던 시어머님은 늘 불만이셨지만, 벌써 노인정에 가서서 텔레비전 자랑을 실컷 하신 모양이다. 시아버님이 안 계신 날이면 동네 할머니들의 사랑방이 되었다. 거실에는 현대식 소파와 페르시안 카펫도 깔아놓았다. 커피 테이블 위에 전화기도 놓았다. 텔레비전 드라마에서만 보던 '응접세트'를 마음껏 흉내냈다. 그녀는 배실배실 흘러나오는 웃음을 참으며 거실 바닥을 닦고 또 닦았다. 드디어 '집주인'이 된 것이다.

동창 중 순자 다음으로 그녀가 내 집 마련에 성공했다. 순자가 이사한 반포주공아파트의 현대적인 시설이 부럽기도 했지만, 대식구가 살기에 아파트는 너무 비좁았다. 시부모님은 위아래층에 다른 사람들이 사는 그런 '이상한' 구조의 아파트를 질색팔색했다. 사람 살 곳이 아니라고 텔레비전이나 신문에서 아파트 단지 광고를 볼 때마다 혀를 끌끌 찼다. 계절마다 꽃나무, 과일나무를 심고 가꾸는 일이 취미인 시아버님은 마당이 없는 집에 산다는 건 상상도 못 했다. 1970년대만 하더라도 대부분 사람은 단독주택에 거주했다. 아파트 거

시부모님과 시동생들까지 모시고 셋방살이로 성북구 장위동에서 신혼살림을 시작했다. 모두가 가난했지만, 그때는 열심히 노력하면 잘살 수 있다는 희망이 있었다. 시부모와 시동생들 뒷바라지로 빠듯한 살림이었지만, 남편의 안정적인 직장과 공부를 잘 마치고 취직한 착한 시동생들 덕분에 셋방살이 3년 만에 집을 장만할 수 있었다. 은행에서 약 800만 원을 대출받아 2,350만 원에 매입했다.

서울시 단독주택과 아파트 주거비율(1975~2010)

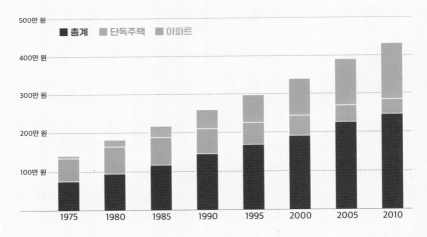

500만 원

■ 총계 ■ 단독주택 ■ 아파트

400만 원

300만 원

200만 원

100만 원

1975   1980   1985   1990   1995   2000   2005   2010

출처: 통계청.

1) 주택을 대상으로 빈집 제외.
2) 연립주택, 다세대주택, 비거주용 건물 내 주택 제외.

주율은 겨우 5% 정도에 불과했다. 서울의 경우에도 총 주택수 대비 아파트 비율이 50%를 넘은 것은 2000년대 이후의 일이다.

사람들의 아파트에 대한 편견은 1970년 부실 공사로 무너진 '마포 와우아파트 붕괴 참사' 때문에 더 심해졌다. 6·25전쟁 이후 사람들은 서울로 밀려들었다. 주택이 턱없이 부족했던 시절, 사람들은 무허가 판잣집을 만들었다. 박정희 대통령의 지시에 따라 당시 서울시장이었던 김현옥은 무허가 판잣집에 대한 전수조사를 했다. 13만 7,000여 동이 집계되었는데, 김현옥은 4만 7,000여 동은 리모델링을 통해 양성화하고 나머지 9만 동은 서울의 시민아파트와 경기도 광주군(현재 경기도 성남시)에 대단지를 조성해 이주할 것을 계획했다. 1968년 서울시는 시민아파트 건립계획을 대대적으로 발표했다.

60년대 말 서울의 판잣집은 기어이 해결해야 할 과제였습니다. 도심·외곽 할 것 없이 들어찬 판자촌은 한마디로 서울의 행정을 마비시킬 정도였으니까요. 내 발상은 간단했습니다. 쓰러질 듯 누워 있는 판잣집을 번듯하게 일으켜 세우자는 게 그것이었습니다. 바로 아파트지요. 당시에는 서대문 금화지구 7만채를 포함, 서울시 100만 평 땅에 14만 5,000채의 판잣집이

널려 있었습니다.

— 김현옥, 1994년경《월간중앙》허의도와의 인터뷰

마포 와우아파트의 건설업자는 부족한 사업자금에 뇌물까지 써가며 건설 허가를 따냈기 때문에 아파트 공사는 부실 공사로 이어졌다. 결국 준공 4개월 만인 1970년 4월 아파트 한 동이 무너져 사망 33명, 부상 38명의 인명 피해가 일어나고 말았다. 가파른 와우산 중턱에 지어졌기 때문에 아파트 아래에 있던 판잣집까지 덮쳐 거기에서 자고 있던 1명이 사망하고 2명이 부상을 입었다.

이 사건을 계기로 김현옥은 서울시장 자리에서 물러나고 관련자들은 구속되었다. 시민아파트의 안전도를 점검한 결과,

---

4   마포 와우아파트 붕괴 사건

출처: 서울특별시 소방재난본부.

총 405동 중 349동이 안전기준에 미치지 못하는 것으로 나타났다. 결국 시민아파트 가운데 101동이 철거되었는데, 이 철거비용이 447동 건립 비용에 거의 맞먹는 수준이었다.(손정목, 2018)

안타깝게도 부실 공사의 관행은 고쳐지지 않고 이어졌다. 1990년대는 부실 공사로 인한 대형참사로 온 나라가 떠들썩했다. 강남의 고급 백화점이었던 삼풍 백화점이 8월의 무더운 여름날 거짓말처럼 무너져 버렸다. 몇 달 지나지 않아 강남과 강북을 이어주던 다리, 성수대교도 반 토막이 나버렸다. '빨리, 빨리'를 외치며 숨 가쁘게 앞만 보고 달려온 발전주의 국가, 대한민국의 어두운 현실이었다.

참고문헌

손정목, 『한국 도시 60년의 이야기』 1, 한울, 2018.
강준만, 『한국현대사산책: 1970년대편』 1권, 인물과 사상사, 2002, 51~52쪽.

1984년 남편을 따라 신도시 과천으로 이사했다. 과천은 1970년대 후반, 서울의 인구 집중을 완화하려고 조성된 1세대 계획도시다. 정부 제2 종합청사를 건설해 서울의 행정부 기능 일부를 외곽으로 분산한다는 목표에 따라 건설되었다. 대한주택공사는 저층 아파트 9개 단지와 고층 아파트 3개 단지, 단독주택지 3개 지구, 1개의 상업지구로 나누어 1980년부터 1984년까지 총 13,522호의 아파트를 건설했다.

역시 '신'도시는 반짝반짝 윤기가 났다. 남태령 고개를 넘어 과천으로 들어설 때면 관악산을 배경으로 한 적벽돌 성당의 모습과 곧게 뻗은 가로수길은 흡사 외국의 도시를 연상케 했다. 계획도시답게 깔끔하게 정비된 도시의 중앙에는 큰 규모의 공원과 공립도서관이 있었다. 아파트 동 앞에는 아이들을 위한 놀이터와 쉼터가 있었고, 도보로 5분 거리에 초등학교와 상가가 있었다. 시부모님을 위한 노인정도 상가 안에 마련되어 있었다. 장위동에서 누려보지 못했던 생활 인프라였다.

장위동 집은 지대가 높아 여름엔 시원했지만, 겨울이면 가파른 언덕길에 눈이 쌓여 그야말로 살얼음판이었다. 시아버님은 행여 집안의 장손인 남편이 출퇴근 길에 미끄러지기라도 할까 봐 연탄재를 새벽부터 뿌려놓으셨다. 사립학교 추첨에 떨어진 후, 좀 나은 공립학교를 보낼 욕심에 딸 둘은 콩나물시루 같은 버스를 타고 다녀야 했다. 없는 것 없이 다 있던 미아시장은 비가 오기라도 하면 안 그래도 질퍽한 바닥에 물웅덩이까지 생겨 신발이 다 젖었다. 무거운 시장바구니를 들

---

1   과천 정부 제2 종합청사 전경(1980)

출처: 국토교통부.

고 언덕길을 오르는 것도 힘에 부쳤다. 시장 구석에서 수다를 떨던 동창들도 하나둘 강남으로 이사를 가버려 장 보러 가는 재미가 예전만 못했다.

그 무렵 남편이 한 번도 들어보지 못한 경기도 과천으로 이사를 가야 한다고 이야기했다. 직장이 이전해서 어쩔 수 없다고 했다. 서울의 동쪽 끝인 장위동에서 버스를 몇 번이나 갈아타야 도착할 수 있는 과천은 오고가는 데만 4시간이었다. 그야말로 산 넘고 강 건너였다. 남편은 자정이 다 되어서야 초주검이 되어 집에 돌아오곤 했다. 아파트는 사람 살 곳이 아니라며 질색팔색하던 시부모님도 어쩔 수 없이 허락했다. 함께 살던 시동생들도 모두 출가해 큰 주택이 더는 필요 없던 차였다.

다행히 장위동 집값은 지난 8년 동안 꾸준히 올라 3,000만 원 정도에 매매할 수 있었다. 대부분 사람은 여전히 아파트에 살기를 꺼렸고, 경기도라는 지리적 특성 때문에 과천의 아파트 가격은 상대적으로 낮았다. 방이 3개인 27평형 아파트를 2,500만 원 정도에 매입했다. 딸 둘은 아직 어려서 방을 같이 써도 됐기 때문에 그 정도면 충분했다. 조금 욕심을 내 더 큰 평형의 아파트를 사고 싶었지만, 남편은 더 이상 은행 빚을 지고 싶지 않다고 했다.

그녀가 사고 싶었던 고층의 38평형 아파트는 3,200만 원 정

'신'도시는 반짝반짝 윤기가 났다. 계획도시답게 깔끔하게 정비된 도시의 중앙에는 큰 규모의 공원과 공립도서관이 있었다. 아파트 동 앞에는 아이들을 위한 놀이터와 쉼터가 있었고, 도보로 5분 거리에 초등학교와 상가가 있었다. 처음 살아본 아파트는 모든 게 편리했다. 현대식 욕실과 부엌, 중앙난방 시스템으로 겨울은 언제나 따뜻했다. 긴 겨울 연탄불을 갈려고 자다 말고 시린 새벽에 달려 나가지 않아도 되었다.

시부모님은 고층 아파트는 더더욱 싫다고 했다. 안 그래도 공중에 붕붕 떠 있는 느낌인데 엘리베이터까지 타야 한다니! 고개를 절레절레 흔드셨다. 38평형도 방은 3개뿐이었기 때문에 굳이 고집할 이유가 없었다. 장위동 집을 사면서 대출받은 돈을 다 갚고도 여윳돈이 생겼다. 말로만 듣던 아파트에 살게 된 것이다.

청계산과 관악산으로 둘러싸인 과천은 전체 면적의 85% 이상이 개발제한구역이어서 자연환경이 무척 좋았다. 하천에 물고기 떼가 노는 것도 보였다. 등산을 좋아하는 남편은 매일 아침 청계산 약수터에 가서 물을 떠왔다. 주말이면 관악산 꼭대기까지 올라갔다 오곤 했다. 서울과 공기부터 달랐다. 그렇게 상쾌할 수 없었다. 주변환경이 좋은 탓이었는지, 외국인들도 꽤 많이 거주했다. 간혹 길에서 이들과 마주치는 일도 일상의 소소한 재미였다.

과천으로 이사 온 사람들도 대부분 그녀처럼 아파트 생활이 처음이었다. 남편의 직장을 따라왔기 때문에 사는 게 다 비슷비슷했다. 아주 잘사는 사람도, 아주 못사는 사람도 없었다. 우려했던 것처럼 아파트 생활은 삭막하지 않았다. 모두

낯선 도시에 아파트라는 익숙지 않은 공간에 모여 살았기 때문에 장위동에서처럼 이웃들과 친하게 지냈다. 낮에는 문도 잠그지 않았다. 그녀의 집은 4층에 있었는데, 시아버님은 아파트 호수를 확인하지 않고 3층 집 문을 불쑥불쑥 열곤 했다. 그래도 3층 여자는 얼굴 한번 찡그리지 않았다.

장위동 집에 비해 규모도 작고 마당도 없었지만, 처음 살아본 아파트는 모든 게 편리했다. 시부모님은 여전히 못마땅해하는 눈치였지만, 현대식 욕실과 부엌, 중앙난방 시스템으로 겨울은 언제나 따뜻했다. 긴 겨울 연탄불을 갈려고 자다 말고 시린 새벽에 달려 나가지 않아도 되었다. 겨울마다 100포기나 되는 김장김치를 담글 필요도 없었다. 초등학생이었던 딸내미만 한 항아리도 더는 씻지 않아도 됐다.

장위동을 떠나면서 얼마나 많은 것을 버리고 왔는지 모른다. 시어머님 잔소리가 귀에 따가웠지만, 그녀는 속이 다 후련했다. 수도꼭지를 틀면 늘 더운물이 나왔다. 게다가 아파트 내부에 무슨 문제라도 생기면 관리실에 전화만 하면 되는 거였다.

반포로 이사 간 순자가 왜 그렇게 아파트 노래를 불렀는지 이해가 갔다. 현대식 부엌에 걸맞게 새로 장만한 식탁에서 마시는 커피는 유난히 달콤했다. 아파트는 주부에게 천국이었다. 다시 단독주택으로 이사 가는 일은 없을 것 같았다.

실은 장위동에서 적벽돌의 운치 있는 건너편 집을 사고 싶었다. 적벽돌집은 마당이 넓은 대신 집안 내부가 작은 편이라 대식구가 살기엔 아무리 생각해도 불편해 포기해야 했다. 시부모님과 아직 시집 장가를 가지 않은 막내 고모와 시동생까지 함께 살아야 했기 때문에 방이 5개나 필요했다.

게다가 종갓집 장손이라 한 달에 한 번꼴로 제사를 지내야 했고, 설날이나 추석 같은 명절에는 40명 가까이 되는 친척이 모두 한자리에 모여 식사했다. 거실에는 어르신들 식사를 위해 커다란 상을 3개를 붙이고, 큰 방에는 아이들을 위해 또 상을 2개는 붙여야 했다. 경주에서 올라오는 작은 시아버님 식구들은 10명이나 되었는데, 한번 오시면 며칠 동안 머물다 가셨다. 큰 방에 있던 커다란 다락에는 이불과 요, 제사

결국 적벽돌의 집은 포기했지만, 아직도 파란 잔디가 깔려 있던 마당이며, 아기자기한 집안 내부구조가 눈에 선했다. 마당을 가로질러 현관으로 들어서면, 거실에서 반층 아래에 부엌이 있었고, 반층 위로 방들이 있는 현대적인 구조였다. 반층 계단을 내려가면 나오는 작은 식당과 입식부엌이 모두 일본 잡지에 나오는 것 같았다.

그녀와 비슷한 시기에 적벽돌집으로 이사를 온 안주인 여자는 마침 나이도 비슷해 금세 친해졌다. 남편이 동아일보사에 다녀 '동아일보사 마누라'라고 불렀다. 시부모님 아침상 설거지를 후다닥 치우고 늘 그 집으로 커피를 마시러 갔다. 커피를 마시러 갈 때마다 적벽돌집을 사지 않은 걸 후회했다. 10년쯤 뒤 그녀가 신도시 과천으로 이사 갈 무렵, 동아일보사 마누라도 잠실로 이사를 갔다. 적벽돌집은 그녀의 집보다 방 수는 적었지만, 훨씬 비싸게 팔렸다. 1980년대는 이미 주택을 소유하는 것 자체는 더 이상 중요한 시기가 아니었다. 어떤 주택을 소유하는지가 중요한 시대가 되고 있었다.

동아일보사 마누라가 이사 간 잠실의 주공아파트는 정부가 1970년대 초반 전 세계를 휩쓴 오일쇼크로 인한 경제불황을 타개하고자 서둘러 추진한 아파트 공급계획에 따라 조성된 곳이었다. 정부는 도로와 철도 공사 및 아파트 공급 등과 같은 건설경기 활성화를 통해서 일자리와 소비를 창출하고자 했다.

1973년 중동전쟁 반발 이후, 국제유가 급등으로 물가 상승과 마이너스 성장이 겹쳤다. 우리나라의 경우, 1973년 3.5%였던 물가 상승률이 1974년 무려 24.8%로 급격하게 상승했다. 특히 경공업에서 중화학공업으로 산업구조가 바뀌는 시기였기 때문에 유가 파동의 여파는 컸다. 경제성장률은 1973년 12.3%에서 1974년 7.4%, 1975년에는 6.5%로 떨어졌다. 우리나라 경제는 1976년에야 비로소 안정을 되찾았다.

잠실의 주공아파트도 반포나 과천과 마찬가지로 대한주택공사가 건설한 단지였다. 대한주택공사는 서울시가 잠실 인근 한강변에 매립한 토지의 일부(41만 평)를 매입해 1975년 3월부터 1978년 10월까지 5개의 단지를 조성했다. 총 364동, 1만 9,180가구가 수용되는 거대한 주택단지였다. 1단지부터 4단지는 단지의 중앙에 놀이터와 공원을 배치하고 아파트 건물들이 중앙을 향해 모여 있도록 설계했다. 5단지는 15층의 고층아파트로 한강변을 따라 나란히 아파트 건물들을 배

치했다.

사람들의 소득 수준에 따라 다양한 평형을 선택할 수 있도록 10개가 넘는 주택형으로 설계했다. 『대한주택공사 30년사』의 기록에 따르면, 가구당 월 소득 4만 4,000원인 경우, 전용면적 8평 미만, 5만 8,000원인 경우, 10평 미만, 7만 300원인 경우, 14평으로 책정했다. 잠실 주공아파트 단지는 뉴타운 개념을 도입해 단지 내부에 행정기관, 병원, 학교, 체육시설 등 생활에 필요한 모든 시설을 갖추도록 계획했다.

동아일보사 마누라는 잠실의 주공아파트에서 몇 년을 살다가 1988년 서울 올림픽이 끝나고 일반인에게 분양된 올림픽선수촌 아파트로 이사했다. 아들만 둘이었던 동아일보사

---

1 잠실 주공아파트의 다양한 주택형 평면도

출처: 대한주택공사

마누라는 좀 무리를 해서 50평이 넘는 꽤 큰 평수의 아파트를 장만했다고 전화했다. 유난히 덩치가 큰 두 아들 덕에 평수가 커도 집이 전혀 크게 보이질 않는다며 배시시 웃었다. 그래도 복층이라 서로 마주칠 일이 적어서 좋다고 했다. 웬일로 짠돌이 남편이 가죽 소파를 다 사주었다며 집 구경을 오라고 했다. 마침 그녀도 곧 고등학생이 될 두 딸 때문에 이사를 생각하던 터라 모처럼 잠실로 나들이를 갔다.

올림픽선수촌 아파트는 1988년 서울 올림픽에 참가하는 선수들과 기자들에게 숙박할 장소를 제공하기 위해 건설되었다. 아시아선수촌 아파트와 함께 국제현상설계공모를 통해 당선된 설계안에 따라 개발된 단지였다. 아파트 단지의 중심부에는 저층이 자리잡고 외곽으로 나갈수록 층이 높아지도록 설계되어 일정한 스카이라인이 형성되었다. 세대별로 채광을 높이고 사생활 보호를 위한 것이었다. 다른 아파트 단지에서는 한 번도 보지 못한 지하 주차장과 1층 세대들을 위한 앞마당이 조성되어 있었다.

과천의 쾌적한 주거환경에 제법 자부심이 있었지만, 올림픽선수촌 아파트의 세련된 단지환경에 그녀의 눈이 점점 더 커졌다. 한강물을 이용한 하천이 단지 내부에 흘렀고, 하천을 따라 산책로와 자전거길이 조성되어 있었다. 게다가 단지 앞에는 과천의 중앙공원과는 비교도 되지 않는 대규모의 올림픽공원이 있었다. 지금까지 갖고 있던 대한주택공사에 대한 맹신과 민간 건설업자에 대한 불신이 싹 사라졌다.

50평이 넘는 동아일보사 마누라 집을 다녀오고 나니 과천 27평 아파트가 유난히 더 작게 느껴졌다. 며칠이 지나도 외국영화에나 나올 법한 그 집이 눈에 아른거렸다. 거실에 들어서자마자 보이던 1층과 2층을 이어주는 계단, 그녀의 거실만큼이나 큰 부엌, 거실 창을 통해 보이던 탁 트인 전망, 그리고 짠돌이 남편이 사주었다는, 유난히 더 반들거리던 가죽 소파…….

이사를 가야겠다고 남편과 눈이 마주칠 때마다 외치던 참에 정부가 신도시 계획을 발표했다. 분당, 일산, 평촌, 중동, 산본의 5대 신도시를 만들어 1992년까지 200만 가구를 짓겠다는 것이었다. 서울의 광화문을 중심으로 반경 20km 안팎의 지역에 총 28만 2,000여 가구(당시 서울 전체 주택 수의 20%)를 건설하는 게 목표였다.

만성적인 서울의 주택 부족 문제와 고공행진을 계속하는 부동산 가격을 잡기 위해 정부는 신도시 개발계획을 발표했다. 1960년대 이후 서울에서 건설되는 주택 수는 매해 꾸준

1980년대는 저금리, 저물가, 원화 약세의 이른바 '3저 호황'과 함께 86 아시안 게임, 88 올림픽 등으로 인한 개발사업이 진행되어 주택가격이 더욱더 가파르게 증가했다. 전국의 주택가격이 평균 67% 상승했고, 서울의 경우에는 1988년부터 1991년까지 3년 동안 평균 아파트 가격이 2.6배나 상승했다.

서울시 주택보급률

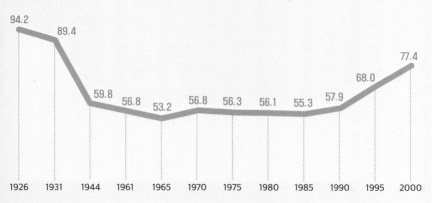

단위: %.

94.2　89.4　59.8　56.8　53.2　56.8　56.3　56.1　55.3　57.9　68.0　77.4

1926　1931　1944　1961　1965　1970　1975　1980　1985　1990　1995　2000

출처: 서울연구데이터서비스.

75세 임대사업자가 되었다

서울시 주택가격지수

■ 매매
■ 전세

단위: 2000년 기준지수=100, 매년 12월 기준

74.2 72.4 92.0 111.9 102.5 102.4 105.9 97.0 118.7 112.9

37.9 46.9 62.2 75.1 81.3 88.3 93.0 87.9

1985 1987 1989 1991 1993 1995 1997 1999 2001

※ 2005년 이전까지 주택보급률은 보통 가구 수(일반 가구 수에서 5인 이하 비혈연 가
구와 1인 가구를 제외한 가구 수)에 대한 주택 수의 비율로 산정했다. 기존의 주택보급률
에 사용된 주택 수는 소유권 단위를 기준으로 호수를 계산해 다가구주택의 경우 1호로 반
영했다. 2005년 이후에는 일반가구 수(보통 가구 수+5인 이하 비혈연 가구+1인 가구)에
대한 주택 수의 비율을 주택보급률로 산정하고 있으며, 다가구주택의 구분거처 호수를 적
용하고 있다.

출처: 서울연구데이터서비스.

엄마 이야기

히 증가해, 1960년대에는 3만 호, 1970년대에는 3~5만 호, 1980년대에 들어서는 5~7만 호를 매년 건설했다. 1986년에는 한 해 동안 12만 호가 넘는 주택을 건설하기도 했다. 그러나 가파르게 증가하는 가구 수를 주택 수가 따라가지 못했다. 서울의 주택보급률은 60%에도 미치지 못했다.

1980년대는 저금리, 저물가, 원화 약세의 이른바 '3저 호황'과 함께 86 아시안 게임, 88 올림픽 등으로 인한 개발사업이 진행되어 주택가격이 더욱더 가파르게 증가했다. 전국의 주택가격이 평균 67% 상승했고, 서울의 경우에는 1988년부터 1991년까지 3년 동안 평균 아파트 가격이 2.6배나 상승했다. 서울의 집값은 신도시 입주가 시작된 1991년 처음으로 하락세로 돌아섰다.

참고문헌

대한주택공사, 『대한주택공사30년사』, 1992.
박철수, 『아파트의 문화사』, 살림, 2006.

1990년 4월, 지하 단칸방에 세 들어 살던 30대 가장이 집세를 올려주지 못하면 집을 비워달라는 집주인의 요구에 더 이상 이사할 곳을 구할 수 없다면서 가족과 함께 자살을 기도한 사건이 일어났다. 유서에서 집세를 마련하지 못해 쫓겨나는 비애를 자식에게까지 물려주고 싶지 않다고 밝혔다. 그리고 서민에게 좌절감만을 안겨주는 정책 담당자들에게 하느님께서 제발 지혜를 줄 것을 기도한다는 내용도 들어 있었다. 큰 집으로 이사를 가자고 남편을 조르던 그녀의 두 눈이 번쩍 뜨였다.

전국의 전셋값은 88 올림픽 전후로 크게 올랐다. 1987년부터 1990년까지 4년간 86% 폭등했다. 집값(68%)보다 전셋값이 20% 더 올랐다. 1987년 국제수지 흑자와 1988년 올림픽 이후 통화량 급증에 따른 물가 오름세의 심리 확산에 따른 것이었다. 전셋값을 잡겠다며 노태우 정부는 1989년 주택임대차 기간을 1년에서 2년으로 늘리는 주택임대차보호법 개정안을 내놓았다. 집주인들은 2년치 보증금을 한꺼번에 올려버려 지하실, 달동네, 도시 외곽으로 밀려나는 세입자들의 행렬이 이어졌다.

두 딸을 위해 지금부터라도 준비를 해두어야겠다는 생각이 들었다. 그녀의 두 딸이라고 전셋값을 못 구해 쫓겨나지 않는다는 보장이 없지 않은가. 항간에서는 정부의 고위 관리들이 셋방살이를 하고 있다면, 천정부지로 치솟는 전셋값을 그냥 보고만 있겠냐는 말도 떠돌았다.

그녀는 같은 동 옆 라인에 사는 404호 형님을 찾아갔다. 과천에 이사를 온 뒤, 같은 동에 사는 몇몇과 제법 친하게 되었다. 404호 형님은 그중 나이가 제일 많았다. 말이며 행동이 거침없었던 404호 형님은 잘못된 행동에 대해서는 아무리 친한 사이여도 그냥 넘어가는 법이 없었기 때문에 모두 어려워했다. 404호 형님의 남편은 일본계 외국인 회사에 다녔는데, 집안에는 출장 때마다 사온 특이한 물건들이 많았다. 유독 형님네 커피가 맛있다며, 동네 아주머니들은 404호로 몰려들었다. 게다가 404호 형님의 입담이 얼마나 좋았던지 말로 당할 이가 없었다. 위로 오빠만 둘 있었던 그녀는 친언니

1980~1990년대 서울 아파트 전세가 상승률

단위: %, 전년 대비
자료: KB국민은행

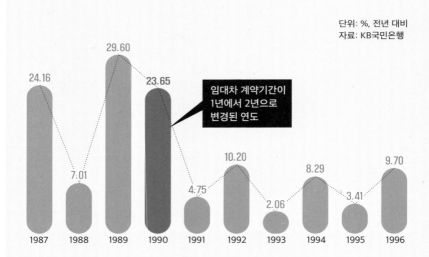

임대차 계약기간이
1년에서 2년으로
변경된 연도

24.16 7.01 29.60 23.65 4.75 10.20 2.06 8.29 3.41 9.70

1987 1988 1989 1990 1991 1992 1993 1994 1995 1996

출처: 《헤럴드경제》, 2020년 6월 10일.

엄마 이야기

1990년 4월, 지하 단칸방에 세 들어 살던 30대 가장이 집세를 올려주지 못하면 집을 비워달라는 집주인의 요구에 더 이상 이사할 곳을 구할 수 없다면서 가족과 함께 자살을 기도한 사건이 일어났다. 유서에서 집세를 마련하지 못해 쫓겨나는 비애를 자식에게까지 물려주고 싶지 않다고 밝혔다.

처럼 404호 형님을 따랐고, 형님도 다른 이들보다 그녀를 유독 아꼈다. 형님은 집을 넓힐 것이 아니라 전세를 끼고 아파트를 하나 더 사두어야 한다고 이야기했다. 그러니까 요즘 이야기되는 '갭 투자'를 하라고 했다.

그간 404호 형님이 27평 아파트에 사는 것이 실은 이해되지 않았다. 물론 두 아들은 모두 독립해서 따로 살고 있었고, 막내딸과 두 내외가 살기에 아파트가 작지 않았다. 그래도 대개는 자식들 시집, 장가를 앞두고 빚을 내서라도 큰 집으로 이사를 하곤 했다. 자식들 기죽이고 싶지 않다는 게 이유였다. 404호 형님은 경제적 여유가 제법 있었지만, 돈을 허투루 쓰는 법이 없었다. 남들 눈을 의식하지도 않았다.

겨울에도 홑치마 하나로 버텼다. 자기는 몸에서 열이 펄펄 난다며 내복 같은 건 필요 없다고 했다. 남편을 위해 근사한 양복을 계절마다 해주었지만 막상 본인을 위해서는 그 흔한 양장 하나, 핸드백 하나를 사질 않았다. 어쩌다 시내에서 친구들을 만나 쇼핑이라도 하고 오는 날이면 은근히 404호 형님을 마주칠까 봐 눈치를 봤다. 쇼핑백을 보자마자 그렇게 헤프게 돈을 써서 어떡하냐고 핀잔을 줄 게 뻔했다.

친한 이들은 급전이 필요하면 늘 형님께 도움을 구했다. 형님은 이미 두 아들과 딸 앞으로 아파트 한 채씩을 장만해 두었다며, 우리나라에서 부동산만큼 확실한 투자는 없다고 했다. 집 한 채씩 해주었으니, 부모 할 도리는 다했노라고, 나머지는 지들 몫이라고 했다. 딸내미 시집가고 나면 이 아파트에서 두 내외가 계속 살 거라고 했다. 과천만큼 좋은 곳이 없다면서 말이다. 역시 형님은 이재에 밝았다.

그날부터 그녀는 부지런히 동네 부동산을 쫓아다녔다. 과천으로 이사 오면서 생긴 여유자금과 큰 평수로 이사를 가려고 지난 몇 년 동안 모아놓은 돈을 다 끌어모아 같은 단지 25평 아파트를 전세 끼고 샀다. 아파트 계약을 다 할 때까지도 집을 뭐하러 또 사냐고 잔소리하는 남편과 계약서를 손에 들고 부동산을 나서는 기분이 좀 새로웠다. 집이 두 채가 생긴 거다. 부동산 사장님이 이제 부자가 될 거라고 그녀를 보며 빙그레 웃으셨다. 정말이었다. 2년마다 오르는 전셋값만 모아도 금세 부자가 될 것 같았다. 대한민국에서 집값이 어디 떨어지는 법이 있던가! 치솟던 전셋값이 안정화된 것은 1990년 말이 돼서였다. 정부의 주택 200만 가구 공급을 위한 신도시 계획이 추진되자 집값이 하락하기 시작했다. 전셋값 상승률도 한 자릿수로 떨어졌다.

대한민국의 부동산 상황은 30년이 지난 2020년에도 여전하

전세가격지수 변동률

단위: %
자료: KB국민은행

■ 2020년 7월 27일
■ 2020년 8월 3일

0.17   0.20   0.18   0.22   0.15   0.18   0.14   0.17

전국   수도권   지방   서울

출처: 《서울경제》, 2020년 8월 6일.

엄마 이야기

다. 지난 7월 29일 정부는 계약갱신청구권제(임차인 보호 기간을 2+2년으로 연장), 전월세 상한제(임대료 상승 폭 연 5%로 제한), 임대차 신고제(주택 임대차 계약 시 30일 이내로 관청에 신고해야 할 의무) 도입을 골자로 하는 주택임대차보호법 및 부동산 거래 신고법 개정안, 소위 '임대차 3법'을 발표했다. 임차인을 보호하기 위해 실시된 임대차 3법 발표 이후, 실거주 의무 강화 등 규제 역풍에 수억 원씩 오른 전셋값을 감당하지 못하고 서울을 떠나는 '전세난민'들이 오히려 늘어나고 있다.

서울의 전셋값은 61주 연속 상승세를 이어가면서, 전세대란이 일어났던 2013년 이후 최장 기록을 보이고 있다. KB 부동산 리브온에 따르면 서울 아파트 평균 전셋값이 5억 1,011만 원으로 사상 처음으로 5억 원을 넘겼다. 경기도 주요 도시의 전셋값이 덩달아 폭등하고 있다. 서울로 출퇴근이 편리한 수용성(수원, 용인, 성남시)이 전셋값 상승을 주도하고 있고, 비교적 저렴한 전세가 많았던 인천도 급등하고 있다. 매매가의 상승 폭도 줄어들지 않고 있다.

안 그래도 뜨겁게 불붙던 대한민국의 부동산 시장은 정부의 임대차 3법의 역풍으로 불길이 더욱더 거세게 번지고 있었다.

주택 200만 호 건설은 '보통사람', 노태우 전 대통령의 선거
공약이었다. 1980년대 후반, 서울 시내 전체의 주택 수와 거
의 맞먹을 정도의 주택량을 5년 내에 공급한다는 실로 엄청
난 계획을 세웠다. 유난히 주택 문제에 집착한 그는, "박정
희는 1970년대 도로를 뚫은 길 대통령이라면 나(노태우)는
주택을 짓는 대통령으로 남고 싶다"는 말을 자주 했다고 한
다.(국정브리핑 특별기획팀, 2007)

민주화 항쟁이 거세게 일었던 1980년대, '복지와 형평'을 내
세웠던 노태우 정부에게 서민들의 주거 문제는 제6공화국이
해결해야 할 가장 시급한 문제였다. 그도 그럴 것이 1980년
부터 1987년까지 연평균 10.5%로 꽤 안정적이었던 지가 상

승률이 1988년 제6공화국이 들어서자마자 27.5%로 급격하게 올랐다. 이듬해인 1989년에는 32.0%로 치솟았다. 집값 역시 폭등했다. 1988년 13.2%, 1989년 14.6%, 1990년 21%로 집권 3년 만에 56%가 올랐다. 전셋값은 말할 것도 없었다. 이 와중에 압구정동 현대아파트의 평당 가격이 1,000만 원을 넘었다. 주택 문제가 해결되지 않으면 혁명이 일어날 거라는 흉흉한 소문까지 돌았다.

정부는 수도권에 90만 호, 지방도시에 나머지 110만 호를 짓겠다는 계획을 발표했다. 서울시에 40만 호, 분당, 평촌, 일산, 산본, 중동의 5개 신도시에 30만 호를 짓겠다는 야심 찬 계획이었다. 서민들을 위한 영구임대주택 25만 호도 공급하겠다고 했다. 1987년 6월항쟁 이후 치러진 첫 번째 대통령 선거에서 당선된 신군부 출신답게 신도시 건설은 일사천리로 진행됐다.

1989년 4월 27일 5대 신도시 계획이 발표된 지 7개월 만에 분당 시범단지(4,030가구)가 분양되었다. 2년 뒤, 분당의 첫 입주가 시작됐고, 1992년부터 나머지 신도시에도 입주가 줄줄이 이어졌다. 연평균 10% 이상의 높은 인구성장률을 기록하던 서울의 인구가 1990년에서 1995년 사이에 -3.6%로 처음으로 감소했다. 서울의 인구는 1990년 1,060만 명에서

서울과 수도권의 인구증가율(1949~2010)

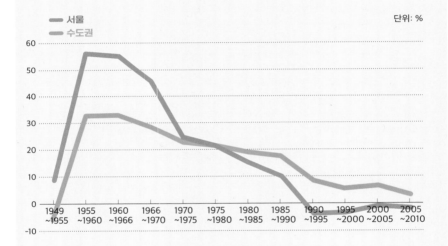

단위: %

- 서울
- 수도권

60

50

40

30

20

10

0

-10

1949
~1955　1955
~1960　1960
~1966　1966
~1970　1970
~1975　1975
~1980　1980
~1985　1985
~1990　1990
~1995　1995
~2000　2000
~2005　2005
~2010

출처: 국가통계포털.

엄마 이야기

1980년부터 1987년까지 연평균 10.5%로 꽤 안정적이었던 지가 상승률이 1988년 제6공화국이 들어서자마자 27.5%로 급격하게 올랐다. 이듬해인 1989년에는 32.0%로 치솟았다. 집값 역시 폭등했다. 1988년 13.2%, 1989년 14.6%, 1990년 21%로 집권 3년 만에 56%가 올랐다. 전셋값은 말할 것도 없었다. 이 와중에 압구정동 현대아파트의 평당 가격이 1,000만 원을 넘었다. 주택 문제가 해결되지 않으면 혁명이 일어날 거라는 흉흉한 소문까지 돌았다.

1,022만 명으로 줄어든 이후 점점 감소했고, 수도권의 인구 **74**
는 지속해서 증가했다.

주택 200만 호 건설계획은 당초 계획보다 1년 이상 앞당겨
져 완성되었다. 공식적인 주택 수는 214만 호로 4년여 만
에 우리나라 총 주택(1989년 기준 645만 호)의 33%가 지어
졌다. 정부의 노력에 부응이라도 하듯 주택가격도 1991년
을 기점으로 처음 하락하기 시작했다. 전국의 주택가격 상승
률이 -2.1%로 나타났고, 서울은 -0.5%였다. 1997년 아시아
경제위기 때까지 주택가격은 계속 안정되었다. 주택보급률
도 1991년 74.2%에서 1997년 92%로 꾸준히 상승했다. 물
론 주택공급의 확대가 이례적인 주택가격의 안정을 가져왔
지만, 정부는 토지공개념 3법(택지소유 상한제, 개발이익환수
제, 토지초과이득세) 같은 강력한 투기억제정책을 동시에 시
행했다.

'빨리, 빨리'를 외치는 부실 공사의 관행은 불행히도 신도시
개발에도 이어졌다. 신도시 부실 공사 파문은 끊이질 않았
다. 아파트 옥탑부터 지하 주차장까지 붕괴 사고소식이 신문
과 뉴스에서 연일 보도됐다. 1991년 6월, 분당 시범단지 아
파트 옥탑이 붕괴했다. 불과 입주를 5개월 앞둔 시점이었다.
콘크리트 작업원들이 옥탑 지붕 거푸집에 콘크리트를 부어

엄마 이야기

서울시 주택건설 실적 추이(1965~2005)

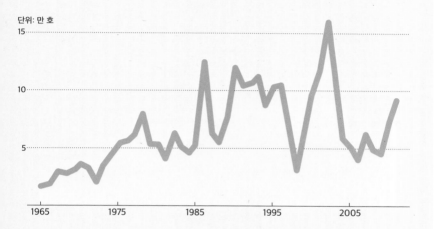

단위: 만 호

출처: 서울연구데이터서비스.

넣던 중 거푸집을 받치던 지대가 무너져 내리면서 옥탑 전체가 붕괴해버렸다. 분당 지하 주차장 공사장에서도 붕괴사고가 일어났다. 신도시 아파트가 날림으로 건설되고 있다고 사람들은 쑤군거렸다. 5개 신도시 개발이 동시에 이루어져 자재가 터무니없이 부족했던 것이다. 불량 철근과 중국산 저질 시멘트, 여기에 바닷모래까지 사용해 신도시 아파트는 '소금 아파트'로 불렸다. 주민들은 집값 때문에 말도 못 하고 속앓이만 해야 했다.

신도시로 이사 갈 꿈에 부풀어 있던 그녀는 뉴스와 신문을 펼칠 때마다 한숨을 내쉬었다. 두 딸의 입시가 끝나자마자 신도시의 새 아파트로 이사를 갈 계획이었다. 마포 와우아파트 붕괴 참사가 떠올라 도저히 이사 갈 엄두가 나질 않았다. '자다 말고 천장이 무너져 네 식구 참사'의 주인공이 되는 건 아닌가 별별 상상을 다 하던 중 동창 모임에 나갔다. 발 빠른 강남 엄마 순자는 이미 분당으로 이사를 했노라고 이야기했다. 서현동 시범아파트 단지라고 했다. 안 그래도 다들 궁금해하던 차에 너도 나도 달려들어 순자에게 질문을 퍼부었다. 결국 다음 달 동창 모임은 순자네서 하기로 했다.

동창 모임에서 돌아오자마자 그녀는 순자에게 부리나케 전화를 했다. 물론 신도시 부실 공사에 대해 말들이 많았지만,

서울시 주택 매매가격지수 및 전세가격지수

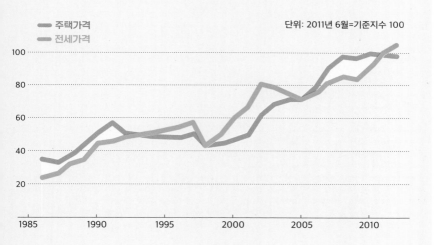

주택가격
전세가격

단위: 2011년 6월=기준지수 100

출처: 서울연구데이터서비스.

75세 임대사업자가 되었다

둘째 딸아이 학부모 모임에 갔다가 분당에 관한 흥미로운 이야기를 들었기 때문이다. 순자도 역시 비슷한 이야기를 했다. 그녀는 분당이 '제2의 강남'이 될 것이라고 했다. 분당의 아파트 가격이 오르기 전에 얼른 먼저 이사를 오라고 했다. 이미 반포와 대치동에서 꽤 괜찮은 시세차익을 남겼던 순자였기 때문에 그녀의 이야기에 귀가 솔깃했다. 신문에서도 분당을 '꿈의 신도시'(《동아일보》, 1992년 10월 26일) 혹은 '제2의 강남'(《경향신문》, 1992년 4월 29일)으로 표현했다. 흥미로운 건 경기도 성남시에 속한 분당구가 아니라, '분당'이라는 성남시와 구별되는 새로운 도시공간으로서 이미지를 주려고 했다.

분당 중앙공원 바로 앞에 위치한 순자의 새 아파트는 모든

---

1   신도시 부실 공사 관련 신문기사(《중앙일보》, 1994년 11월 28일)

출처: 《중앙일보》 조인스랜드(2015년 7월 4일).

것이 좋았다. 30층이나 되는, 하늘을 찌를 듯이 높은 아파트
는 올려다보기에도 목이 아팠다. 28층 거실에서 내려다보는
풍경은 마치 남산 서울타워 전망대에 올라서 보는 것 같았
다. 동아일보사 마누라가 살던 잠실 올림픽 아파트보다 한층
더 업그레이드된 듯했다.

시범단지 안에는 초등학교부터 고등학교까지 있어서 학생들
은 도보로 통학할 수 있다고 했다. 순자의 아파트 단지 건너
편에는 서울에서 볼 수 없는, 대규모의 쇼핑 거리가 반듯반
듯하게 조성되고 있었다. 대형 백화점이 몇 개나 들어올 거
라고 했다. 단지 앞 버스정류장에서는 강남까지 한 번에 올
수 있는 직행버스가 수시로 있었고, 도보로 5분 거리에 지하
철역이 있었다. 그뿐만 아니라 고속도로에서 진입하기에도
매우 편리했다.

신반포에 살던 옥자가 운전하는 차를 타고 15분 정도 경부
고속도로를 달리자 성남 방향 진출로 사인이 보였다. 시부모
님 산소를 경기도 광주에 모셨기 때문에 남편과 성남 근처를
꽤 자주 다녔지만, 막상 분당으로 들어온 것은 처음이었다.
그야말로 신세계였다. 경부고속도로 진출로에서 나오자마자
거대한 아파트 단지가 위압감 있게 서 있었다.
그녀의 눈에 비친 분당의 모습은 강남 그 이상이었다.

그녀가 강남의 아파트를 매입하게 된 건 1990년대 말 국가 최대의 경제위기 때였다. 하룻밤만 자고 일어나면 오르던 서울의 아파트 가격은 1990년대 초반 수도권 신도시 개발로 조금씩 떨어지기 시작했다. 강남의 낡은 아파트에 살던 사람들도 너도 나도 신도시의 깔끔한 새 아파트로 이주해갔다. 그리고 1998년 서울의 아파트 가격 상승률은 전년 대비 -15%로, 그야말로 곤두박질치고 있었다.

1997년 11월 22일 김영삼 대통령은 '경제난국 극복을 위한 특별담화문'을 발표하고 국가가 부도 사태에 이르렀으며, 국제통화기금IMF, International Monetary Fund의 지원 금융을 받지 않을 수 없게 되었다고 밝혔다. 다음 해 집권한 김대중 대통령은 경제회생을 위한 국민의 적극적인 동참을 호소했다. 대통령의 호소에 국민들은 진심으로 동참했다. 나라 빚을 갚기 위해 자신들이 갖고 있던 금을 자발적으로 내놓았다. 당시 외환 부채가 304억 달러에 달했는데, 351만 명이 참여한 '금 모으기 운동'으로 21억 3,000달러의 가치에 달하는 227톤의 금이 모였다. 우리나라는 2001년 8월 IMF로부터 지원받은 차입금(195억 달러)을 모두 상환했다. 예정보다 3년이나 앞당겨진 것이었다.

불과 1년 전, 1996년 우리나라가 경제협력개발기구OECD, Organization for Economic Cooperation and Development에 가입되었다며, 이제 우리도 선진국 대열에 들어섰다고 기뻐하지 않았던가. 생각해보면, 1997년 연초부터 한보 사태로 온 나라가 뒤숭숭했다. 한보 사태는 정계와 재계 인사들의 부정과 비리

---

1   금 모으기 운동에 동참하는 시민들

출처:《중앙일보》, 2019년 9월 3일.

로 인해 발생한 사상 최대의 권력형 금융부정사건으로 국가 부도의 촉발이 된 사건이기도 하다. 김영삼 대통령의 차남인 김현철 씨도 사건에 연루되어, 대통령은 취임 4주년 대국민 담화에서 "저를 더욱 괴롭고 민망하게 하는 것은 제 자식의 이름이 거명되고 있다는 사실"이라고 말했다.(박보균, 1997) 대통령 가까이에서 일했던 사람들 모두 부정부패에 연루되었다. 우리 사회의 뿌리 깊은 정경유착의 문제가 국가 전체를 부도위기에 처하게 한 뼈아픈 사건이었다.

그녀도 두 딸이 시집갈 때 주려고 고이 간직했던 돌반지와 남편이 상으로 받아 온 황금열쇠를 들고 '금 모으기 운동'에 동참했다. 도대체 이 나라가 어찌 되려나, 착잡한 심정으로 신반포에 사는 옥자를 만났다. 남편을 제외하고 그녀가 분당으로 이사 가는 걸 반대한 유일한 친구가 바로 옥자였다. 분당 시범단지 순자의 새 아파트를 보고 오는 길 내내 그녀는 분당으로 이사 갈 꿈에 부풀어 옥자에게 조잘거렸다.

옥자는 일찍 혼자가 되었지만, 억척스럽게 일해서 반포에만 아파트를 3채 갖고 있었다. 옥수동과 잠실에도 작은 평수지만 아파트가 몇 채 더 있다고 했다. 현금도 꽤 많다는 소문이 동창들 사이에 퍼져 있었다. 딸, 아들도 어찌나 잘 키웠는지 둘 다 명문대학교에 장학금을 받고 다녔다. 공부에는 그다지 관심이 없었지만, 옥자는 늘 이재에 밝았다. 그녀가 옥자를 다시 만난 건 아주 우연이었다.

10년 전쯤, 남편에게 새 와이셔츠를 장만해주려고 명동의 한 맞춤집에 들어갔다. 고등학교를 졸업하고 한참 동안 소식이 끊겼던 옥자가 그 맞춤집 사장님이었다. 남편의 와이셔츠는 안중에도 없었다. 옥자와 둘이 손을 맞잡고 지나온 세월을 울고 웃으며 나누었다. 참 모진 시간을 옥자는 혼자서 씩씩하게도 살아왔다. 이제 일하지 않고 셋돈만 받아도 될 만큼 경제적 여유가 생겼다고 했다. 그래도 놀면 뭐하냐고, 좀이 쑤셔 매장에 나와 앉아 있는 거라고 했다. 노년에 돌봐줄 남편도 없으니 벌 수 있을 때 한 푼이라도 더 모아야 한다며 까르르 웃었다. 갑자기 홀로 세 남매를 키우셨던 친정엄마 생각에 가슴이 먹먹해서 집으로 돌아왔다. 그 이후, 옥자도 동창 모임에 나왔다. 그녀는 다른 동창들에게 나누지 못하는 이야기를 곧잘 옥자와 나누었다.

옥자는 분당이 제2의 강남이 될 것이라는 순자와 달리 강남을 고집했다. 오히려 사람들이 신도시로 빠져나가 강남의 집값이 떨어질 때 아파트를 사라고 했다. '직장과 집은 무조건 가까워야 한다'는 '직주근접'을 원칙으로 삼았던 남편도 분당으로 이사를 절대 반대했다. 결국 꿈의 신도시, 분당으로 이주는 한여름 밤의 꿈으로만 그쳤고, 과천의 넓은 평수 아파트로 이사하는 데 만족해야 했다. 모두 이 엄청난 위기가 언제까지 갈지 두려워했지만, 옥자는 오히려 지금이 부동산 투자의 절대 기회라고 했다. 급매로 나온 아파트들이 수두룩 하다며 자기가 거래하는 부동산 사장을 소개해주었다. 시시 때때로 전화를 걸어와 무조건 강남 아파트를 사라고 재잘대 기도 했다.

2018년 개봉된 영화 〈국가부도의 날〉에서 "위기는 반복됩니 다. 위기는 기회이기도 합니다. 난파선에서 먼저 나가는 사 람이 사는 거야"라는 금융인 윤정학(유아인 역)의 대사처럼 그녀는 과감하게 신반포에 낡은 아파트를 두 채나 매입했다. 윤정학은 당시 경제관료들의 '무능력함'에 수십억 원을 베팅 해 돈을 버는 인물로 나온다. 과천에서 전세를 주었던 아파

---

2   영화 〈국가부도의 날〉 포스터

연도별 정기예금 금리 변화(명목금리)

단위: %

26.4

22.8

18.6

15.0

12.0

10.0

10.0 10.0

8.8

7.0

3.4

3.6 3.2

-3.8

| 1945 | 1950 | 1955 | 1960 | 1965 | 1970 | 1975 | 1980 | 1985 | 1990 | 1995 | 2000 | 2005 | 2010 |

출처: 한국은행.

75세 임대사업자가 되었다

트와 살고 있던 아파트를 처분하고, 1998년 여름 드디어 강남에 입성했다. 효자 아파트의 전세가가 지속해서 오른 덕분에 제법 목돈을 모을 수 있었다. 게다가 국가경제위기로 1995년 8.8%였던 정기예금 금리가 1998년 13.3%로 올랐다. 마침 만기된 적금도 높은 이자에 받게 되어 경제적 여유가 충분했다.

사람들은 이제 부동산은 끝났다고들 이야기했다. 그녀의 생각은 달랐다. 우리나라에서 '집'과 '땅'은 특별한 의미가 있다고 생각했다. 맹목적이고도 지나칠 정도의 '집'과 '땅'에 대한 집착과 소유욕은 쉽게 버려지는 게 아니었다. 최소한 해방둥이 세대인 그녀 세대에게는 그랬다.

모두가 주저하던 때에 그녀가 굳이 강남에 아파트를 두 채나 매입한 이유가 단순히 옥자의 권유 때문만은 아니었다. 자산적 가치를 갖는 주택의 특성을 그녀 나름으로 아주 잘 파악하고 있었다. 1세대 계획도시인 과천에서 거주 경험을 토대로 아무리 거주환경이 뛰어나도 좋은 학교와 병원, 쇼핑, 서비스센터 같은 편의시설과 대중교통 시설이 제대로 갖추어지지 않은 곳에 주택을 매입하면 자산적 가치가 오르는 데 제한이 있다는 것을 깨달았다.

그녀는 동창들을 만나거나 명절을 포함한 각종 집안 행사에 필요한 것들을 구입하려면, 늘 서울 시내로 나와야 했다. 아이들이 아프기라도 하면 어김없이 아이를 들쳐업고 서울의 큰 병원으로 허겁지겁 뛰어야 했다. 과천은 사당동에서 고개만 넘으면 되는데도, 급할 때 택시를 타고 서울을 나가기도, 들어오기도 어려웠다. 택시기사와 늘 할증 요금으로 실랑이를 해야 했고, 출퇴근 시간의 교통체증은 나날이 심해졌다. 그리고 학교가 뭐 대수냐 자기만 열심히 하면 되지 생각했는데, 시간이 지날수록 강남에 사는 친구들에 비해서 자신의 아이들이 점점 뒤처지는 느낌이었다.

그녀의 판단은 옳았다. 국가부도 위기의 충격은 오래가지 않았다. 2000년대로 들어서자 서울에서 '내 집 마련'은 하늘의 별따기만큼 어려웠다. 특히 강남의 아파트 가격은 천정부지로 치솟았다. 과천의 아파트 가격도 많이 올랐지만, 강남의 가격과 비교할 수가 없었다. 수도권 신도시로 떠났던 탈강남 거주자들은 다시 돌아오지 못할 강을 건넜다고 땅을 치며 후회했다.

참고문헌

강정현, 「[서소문 사진관] 고난과 역경을 이겨낸 국민소득 3만 불 시대를 되돌아보니」, 《중앙일보》, 2019년 9월 3일.
박보균, 「한보 사태 진심으로 사죄: 김영삼 대통령 對국민담화」, 《중앙일보》, 1997년 2월 26일.
조문호, 「'전 국민 달러 모으기', 애국인가 망국인가」, 《매일신문》, 2008년 10월 18일.

현재 그녀는 신반포에 살고 있다. 대형 쇼핑센터와 백화점, 고속버스터미널이 있고 명문 중고등학교가 집 가까이에 있다. 조금만 걸으면 지하철 3호선과 7호선, 그리고 9호선과 서울 시내 곳곳까지 한 번에 갈 수 있는 다양한 버스 노선이 있다. 가뜩이나 운전하는 걸 좋아하지 않던 남편은 은퇴 이후 자가용을 거의 사용하지 않았다. 그녀의 아파트가 낡기는 했지만, 단지 내 오래된 나무들 덕분에 봄에는 연분홍빛 벚꽃이 흩날리고, 가을에는 은행잎이 노랗게 물들었다. 과천의 푸른 녹지만큼 잘 꾸며진 한강 공원이 있어서 남편과 자주 산책하러 나갈 수 있다.

20년이 넘게 이곳에서 살았지만, 그녀와 남편은 다른 곳으로 이사할 마음이 전혀 없다. 그런데 최근 그녀가 사는 아파트 단지가 재건축 승인을 받더니 일을 어떻게 일사천리로 처리했는지, 곧 이주해야 한다고 조합장이 연일 이야기하고 있다. 공사기간이 길어질수록 공사비용이 많이 드니 꼭 협조해달라는 공문이 1주일에 한 번꼴로 왔다.

재건축 이후에 아파트 가격이 많이 오를 것을 알고 있지만, 그녀는 80이 넘어서까지 이사를 다니고 싶지 않았다. 더구나 재건축이 끝난 이후 재입주를 하기 위해서 지불해야 하는 추가 금액도 부담스러웠다. 이주지원금도 처음에 건설회사가 약속한 금액보다 훨씬 적어졌기 때문에 그 돈으로 지금 사는 집 근처는커녕 서울에서 전셋집을 구하기도 어려웠다. 이 나이에 다시 셋방살이라니! 남편과 아파트를 팔고 근처로 이사하는 게 좋겠다고 결정했다. 하필 그때, 정부의 강력한 부동산 대출 규제안(12·16 부동산 대책안)이 발표되었다. 이제 투기과열지구에는 현금부자가 아니면 아예 집을 사지 못하게 되었다.

그녀는 요즘 뉴스를 볼 때마다 한숨이 나온다. 불과 2년 전, 임대사업자로 등록하라고 해서 했더니, 임대사업자에 대한 혜택은 줄고 내야 할 세금을 늘린다는 거다. 이것뿐만이 아니다. 투기과열지구에 있는 집에 대한 재산세와 보유세를 점

점 더 늘린다고도 했다. 아니 아무것도 한 것 없이 같은 집에

점 더 늘린다고도 했다. 아니 아무것도 한 것 없이 같은 집에 계속 사는 사람한테 집값이 올랐으니 세금을 더 내라니 집값을 내가 올렸는가 말이다. 남편 연금과 임대수입에 의존해서 살아가는데, 손에 쥐어지지도 않는 거품에 세금을 내라니! 집이나 팔아야 그 엄청난 돈을 한번 경험이라도 하지 않겠는가! 집을 좀 파시라고 해서 팔려고 했더니, 정부 규제에 서로 눈치만 보느라 집도 팔지 못하고 있다. 부동산에 매일 전화를 해도 집을 보러 오는 사람이 한 명도 없다는 거다.

"도대체 어떻게 하라는 건가?"

큰 딸네도 집 때문에 골치 아프긴 마찬가지다. 2010년 결혼할 때 그렇게 작은 아파트 하나라도 사라고 했건만, 집은 '사는 곳'이라며 그녀의 말은 들은 체도 하지 않더니 이제 와서 뒤늦게 발을 동동거리고 있다. 그 낡은 아파트가 아무리 강남에 있어도 무슨 빚까지 내가며 사고 싶지는 않다며 큰딸과 큰사위는 손을 내저으며 싫다고 했다. 그런데 그 낡고 작은 아파트가 재건축 승인 발표가 나자마자 가격이 얼마나 올랐는지. 자기네 둘이 아무리 힘겹게 평생 모아도 도저히 모을 수 없는 액수의 돈이었다. 게다가 12·16 부동산 대책안이 발표되어 올해 전세 재계약을 해야 하는 큰딸네는 벌써부터 한 걱정이다.

정부는 지속해서 부동산 투기세력을 잡겠다고 하는데, 어디

에 있는지 알 수 없는 그 투기세력들은 요리조리 잘도 빠져 나가는 듯하고, 힘도 능력도 안 되는 보통사람들만 투기세력 과 전쟁에서 이리저리 휘둘리는 듯하다. 정부는 집이 부족한 이유를 '집을 많이 가진 사람이 또다시 집을 사들였기 때문' 이라고 했다. 그런데 그 많은 집을 다 비워놓고 있느냐 말이 다. 분명 임대했을 텐데……. 그럼 누군가는 살고 있다는 게 아닌가. 집은 '사는 것'이 아니라 '사는 곳'이라면서 민간임대 사업을 하는 다주택자들에게 왜 자기가 살지 않는 집을 자꾸 팔라고 하는 건지도 알 수 없는 상황이다. 자기가 '사는 집' 이 아닌 집은 꼭 팔라고 하는 것은 결국 집은 '사는 곳'이 아 니라, '사는 것'이라는 말일 뿐이다. 주택을 살 수 없는 계층 이 분명히 있는데, 이들은 그럼 어디에 살라는 것인지……. 정부는 전세난을 해결하기 위해 공공임대 물량을 확대하겠 다고 했다. 모두가 공공임대주택에 들어가고 싶은 건 아니지 않은가 말이다.

유독 우리나라에서만 다주택 보유 자체를 대표적인 투기행 위로 인식하는 것이 이해되지 않았다. 다주택 보유자들의 민 간임대사업에 대해서 지극히 정상적인 행위로 인정하는 미 국, 일본, 영국 등의 경우와 우리는 왜 다르다고 이야기하는 것일까? 우리나라의 자가보유율이 다른 선진국에 비해서 결 코 떨어지지도 않는데 말이다. 2019 주거실태조사에 따르면 우리나라의 자가보유율은 61%다. 선진국의 경우에도 자가보유율이 70%를 넘는 경우는 많지 않다. 아마 싱가포르가 거의 유일하게 자가보유율이 90%에 육박할 것이다.

서강대학교 김경환 교수는 "1가구 다주택 중과세 폐지가 반드시 부자들에게만 이득이 아니라는 얘기다. …… 1가구 1주택 정책을 언제까지 고수할지에 대해 근본적인 검토가 필요하다. 자가든 임대주택이든 '주거 수준 향상'과 '주거 안정 보장'이 더 중요하다"(《매일경제》 인사이드 칼럼, 2009년 4월 21일)는 점을 이미 10년 전에 강조한 적이 있다.

해방둥이 세대인 그녀는 20대 후반 결혼하면서부터 주택 마련을 위해 아등바등 살아왔다. 셋방살이의 설움은 주거 안정에 대한 목마름을 갖게 했고, 아이들과 가족들에게 좀 더 쾌적한 환경에서 살게 하고 싶은 소망으로 서울 강북 끝자락에서 경기도 과천으로, 그리고 강남으로 이사했다. 그녀는 한 번도 투기를 꿈꾸지 않았다. (물론 집값의 엄청난 상승이 그녀로 하여금 꽤 많은 자산을 갖게 했다. 그러나 그것은 투기의 성과가 아니다. 그냥 눈치껏 살려고 이 땅에서 아등바등한 결과의 우연 때문이었을 뿐이다.) 그녀가 바랐던 건 오로지 한 가지 ― 아이들에게만은 그녀와 같은 경험을 갖게 하고 싶지 않았다.

그러나 60년이 지나도 여전히 우리 사회에서 주거 안정은 보장되지 못하는 듯하다. 80이 다 된 그녀조차 다가오는 이주 날짜에 가슴만 졸이고 있으니 말이다.

참고문헌

김경환, 「'1가구 1주택'에 갇힌 한국」, 《매일경제》 인사이드칼럼, 2009년 4월 21일.

Chapter 02

큰딸 이야기

엄마 말대로 그때
아파트를 샀어야 했다

집은 '사는 것'이 아니라 '사는 곳'이라며, 내 집 마련 따위는 관심 없었던 큰딸은 요즘 생각이 바뀌었다. 9년 전 결혼할 때와 비교해서 서울의 집값이 올라도 너무 올랐기 때문이다. 엄마 말대로 그때 집을 샀어야 했다.

2000년대 초반 공부를 위해 영국으로 떠날 때만 해도 그녀는 우리 사회에서 발생하는 모든 주택 문제는 궁극적으로 공급이 부족하기 때문에 발생하는 것으로 이해했다. 엄마한테서 귀가 닳도록 내 집을 갖는 것이 얼마나 중요한지 이야기를 들었지만, 우리 사회도 곧 외국처럼 주택이 소유에서 거주의 개념으로 바뀌리라 생각했다. 주택보급률이 100%에만 도달하면 집에 대한 집착도 수그러들지 않겠는가. 돌아보면 그게 얼마나 순진한 생각이었는지 모른다.

영국에서 공부하는 동안에도 줄곧 세입자로 살았지만, 엄마가 겪었다는 셋방살이의 설움 같은 건 전혀 없었다. 오히려 세입자로 사는 것이 더 마음이 편했다. 집에 무슨 문제라도 생기면 집주인에게 연락만 하면 되는 거였다. 물론 집주인을 잘 만난 덕분이긴 했다. 못된 집주인을 만나 계약기간이 끝나 이사를 나가는데, 이런저런 핑계를 대며 보증금을 못 받는 경우를 주변에서 더러 보기는 했다.

공부를 마치고 직장생활을 시작했을 때는 매달 나가는 월세가 아까워 집을 살까 고민도 했지만, 주택 구입을 위해 필요한 최소한의 다운페이먼트Downpayment(주택가격의 20% 정도)를 마련하기 위해 아등바등 살고 싶지 않았다. 아직은 집보다는 '경험'을 소유하고 싶었다. 2, 3일 정도의 시간적 여유만 생겨도 어디론가 훌쩍 떠날 수 있는 삶이 더 값지게 생각되었다. 더구나 집을 산다는 건, 어쩐지 일정한 장소에 얽매인다는 생각이 들었다. 꼭 한 곳에 정착해서 살아야 할까? 이곳저곳 살고 싶은 지역을 돌아다니며 마음에 드는 집에 살아보고 싶었다.

큰딸은 영국에서 공부를 마치고 호주에서 일했다. 외국에서 생활하는 동안 그녀가 만난 사람들은 어느 누구도 우리 사회처럼 집에 대해 지나치게 집착하지 않았다. 주택청약통장에 생활비의 대부분을 쏟아붓고 복권 당첨과도 같은 아파트 분양 당첨에 목을 매는 일은 절대로 일어나지 않았다. 주택을 소유하지 못해도 불편하기는 하지만, 살아가는 데 아무런 지장이 없었다. 개인의 형편에 맞추어 공공임대주택이나 사회주택, 민간임대주택에 살면 되는 거였다.

공공임대주택이나 사회주택은 개인의 경제적 능력에 따라 정부로부터 보조금을 받을 수 있고, 민간임대주택도 임대료 폭등으로 쫓겨나는 일은 일어나지 않았다. 선진국의 복지 시스템에 대해서 복지 의존적인 문화를 만든다, 가난한 사람들을 게으르게 만드는 것이다 등 이러쿵저러쿵 말이 많았지만, 어쨌든 사회적 약자를 보호하는 시스템이 잘 갖추어져 있었다. 주거의 문제는 교육이나 의료 서비스처럼 기본적 권리로 인식되어 있었다. 집이 없어서 당하는 설움이 억울하면 어떻게 해서든지 내 집을 마련해야 하는 우리 사회와는 너무나 달랐다.

더구나 한 번 주택을 마련하면 웬만해서는 이사하지 않고 계속 살았다. 주택의 자산적 가치보다 삶의 추억이 묻어나는 공간으로 인식하고 있었다. 심지어 대를 이어 같은 집에 거

외국처럼 주택이 소유에서 거주의 개념으로 바뀌리라 생각했다. 주택보급률이 100%에만 도달하면 집에 대한 집착도 수그러들지 않겠는가. 돌아보면 그게 얼마나 순진한 생각이었는지 모른다.

신혼집은 재건축 승인이 나자마자 상상할 수 없을 정도로 가격이 올랐다. 우리 사회에서 내 집 마련은 비단 주거의 안정 때문만은 아닌 듯했다. 어느 순간부터 개인의 사회적, 경제적 위치를 말해주는 바로미터가 되어 있었다.

주했다. 집에 대한 애착이 대단했다. 말 그대로 '홈 스위트 홈 Home Sweet Home'인 듯했다. 친구 부모님이나 지도 교수님댁을 방문할 때면, 늘 집안 이곳저곳을 가꾸는 모습이 정말 보기 좋았다. 주말이면 어김없이 가든센터에서 새로운 꽃이나 나무를 사다가 정원에 심거나 페인트를 사서 새로운 컬러로 집안 분위기를 바꾸고 있었다. 그렇게 행복해 보일 수 없었다.

게다가 저마다 자신의 스타일대로 조금씩 천천히 필요에 따라 고친, 손때 묻은 집이었다. 모델하우스에서 본 듯한, 다들 그저 그런 비슷한 모습을 하는 우리네 집들과 너무나 달랐다. 자신의 추억이 고스란히 담긴 집이 온데간데없이 사라진다는데, 신이 나서 대로변에 '재건축 사업 승인 축하 현수막'을 붙여 대는 우리와 사뭇 다른 모습이었다.

한국에 돌아와 2010년 결혼했을 때만 해도 주거의 안정만 찾을 수 있다면, 굳이 주택을 소유할 필요가 없다고 생각했다. 남편도 그녀의 생각에 동의했다. 신혼살림을 시작한 곳은 서초동의 낡고 작은 아파트였다. 전셋집이었지만, 노란 꽃무늬 벽지로 포인트를 주고 방문과 몰딩은 하얀색으로 칠을 했다. 부엌 가구도 새로 장만하고 낡은 화장실도 수리를 했다. 남의 집에 뭐하러 돈을 들이냐며 핀잔을 듣기도 했지만, 태어나 처음으로 생긴 '우리만의 공간'이었다. 우리가 사는 동안은 어쨌든 '우리 집'이 아닌가. 당시만 해도 전세가에 1억만 더하면 살던 아파트를 살 수 있었다. 그렇지만 어릴 적부터 마당이 있는 단독주택에 사는 게 꿈이었기에 돈을 모아 언젠가 마음에 쏙 드는 집을 마련하고 싶었다. 그게 한옥이면 더욱더 좋겠다고 생각했다. 외국생활을 하면서 보아왔던, 따뜻한 집의 모습을 마음에 그렸었다.

전세를 살던 아파트가 재건축을 시작하자 어쩔 수 없이 이사해야 했다. 불과 몇 년 사이 아파트 전셋값이 꽤 많이 올랐다. 그래도 신반포에 있는 친정집 가까이에 살고 싶어서 아파트보다는 비교적 저렴한 빌라로 이사했다. 빌라는 아파트와 단독주택의 중간 형태라고는 하지만, 아파트에서 생활과 크게 다르지 않았다. 동네도 마음에 들고 이 빌라에 계속 살아도 좋겠다고 생각했다.

그런데 2019년 겨울, 12·16 부동산 대책안이 발표된 이후, 큰딸의 생각이 바뀌기 시작했다. 대책안의 불똥이 전세시장으로 튄 것이다. 투기과열지구의 집값 상승은 주춤했을지 모르나 서울의 주요 인기 거주 지역의 전셋값이 하루가 다르게 급등하고 있다. 투기꾼을 잡겠다던 정부의 부동산 대책은 오히려 돈 없는 무주택자들만 압박하는 결과를 낳고 말았다. "현금 보유자들만 알짜배기를 '줍줍'하고 무주택 서민 실수요자들은 집을 살 수 없다"(《경향신문》, 2019년 12월 18일)는 고려대학교 경제학과 이우진 교수님의 이야기가 뼛속까지 와닿았다.

당장 내년에 전세 계약을 다시 해야 하는데, 어찌해야 하는가……. 지금은 은행에서 대출도 받기 어려운 형편이다. 우리 사회에서 임차가구의 평균 거주기간이 고작 3년 정도라는데, 그럼 3년마다 이사를 다녀야 한다는 건가? 더구나 임대료가 지금처럼 지속해서 오른다면 주거의 안정은커녕 주거를 상실할지도 모른다는 불안감에 사로잡혔다. 우리나라 국민의 82.5%가 '내 집을 꼭 마련해야 한다'고 밝힌 데는 바로 주거 불안정의 문제도 크다는 생각이 들었다. 실제로 국민이 가장 필요로 하는 주거지원 프로그램이 '주택구입자금 대출 지원'(31.7%)이고 그다음이 '전세자금 대출 지원'(18.8%)이라고 나타나지 않았던가.

지난 일을 돌아보고 싶지는 않지만, 큰딸이 살던 신혼집은 재건축 승인이 나자마자 상상할 수 없을 정도로 가격이 올랐다. 남편과 아무리 아껴도 도저히 모을 수 없는 어마어마한 액수의 돈이었다. 집은 역시 소유해야 하는 것인가. 최근 들어 30대가 서울에서 최대 주택 구매층으로 떠올랐으며, 40대는 교육, 교통, 그리고 쇼핑 등 모든 주거환경이 뛰어난 서초와 강남권 입성을 서두른다는 기사를 읽었다. 우리 사회에서 내 집 마련은 비단 주거의 안정 때문만은 아닌 듯했다. 어느 순간부터 개인의 사회적, 경제적 위치를 말해주는 바로미터가 되어 있었다. 어렵게 마련한 그 집이 어디에 위치하는가가 매우 중요한 시대가 되었다. 투기과열지구에 살고 있다는 것은 내 집의 자산적 가치가 그만큼 높다는 의미이자, 동시에 지속해서 상승한다는 반증이기도 했다.

억울하면 출세하라는 말처럼 우리 사회에서는 어떻게 해서든지 내 집부터 마련해야 하는 것이다.

강북 오빠, 남편을 만난 건 한국에 돌아온 지 얼마 되지 않아서였다. 그녀는 2008년 세계금융위기Global Financial Crisis 이듬해에 한국으로 돌아왔다. 사는 게 팍팍해지니 외국인에 대한 시선도 곱지 않았다. 한국과 영국, 호주를 옮겨 다니며 살다 보니 지치기도 하고 이제 그만 집으로 돌아가자 결심했다. 마침 서울 오피스에 자리가 나 해외 마케팅 매니저 International marketing manager로 지원했다. 섭섭해하는 호주 브리즈번Brisbane의 친구들을 뒤로하고 신이 나서 짐을 쌌다. 하지만 막상 다시 시작한 서울 생활은 녹록지 않았다. 그래도 매해 크리스마스 휴가는 집에서 보냈는데, 어느새 서울이 낯선 도시가 되어 있었다. 그녀도, 서울도 변한 듯했다. 이방인이된 기분이었다.

친한 선배 언니가 그녀에게 딱 어울리는 남자 후배가 있다며, 소개팅을 해주겠다고 어느 날 전화가 왔다. 안 그래도 2009년 가을이 유난히 쓸쓸하게 느껴졌다. 그는 게임 프로그램을 만드는 벤처회사에 다니고 있었다. 왠지 대기업이나 공기업에 다니는 남자들과는 다를 것 같았다. 옷장에서 몇 시간 동안 고르고 고른 옷을 입고 부푼 마음으로 카페에 나갔다. 올백한 머리를 한 그의 모습이 멀리서도 눈에 확 띄었다. 그는 재치 있게·이야기를 참 잘했다. 별로 특별한 이야기도 아니었는데, 오랜만에 한참을 웃었다.

30대 중반이 되도록 결혼엔 별로 관심이 없다던 두 사람은 만난 지 6개월 만에 함께 살기로 했다. LA로 한 달 동안 출장을 떠났던 그는 한국에 돌아오자마자 그녀의 집으로 달려와 청혼을 했다. 그런데 문제는 '어디'에 살지 정하는 일이었다. 비록 짧은 연애기간이었지만, 별다른 말다툼 한 번 하지 않았다. 집 문제로 처음으로 남편과 다투었다. '강남'엔 절대로 살고 싶지 않다고 고집을 부리는 그가 이해되지 않았다.

"아니, 왜 강남에 살고 싶지 않다는 걸까?"

비록 그녀가 자신이 강남에 거주한 기간은 실제로 얼마 되지 않는다고, 무슨 강남 언니냐고 손사래쳤지만, 그의 눈에 비친 그녀는 딱 강남 언니였다. 사실 그도 강남 언니에 대한 뚜렷한 기준이 있는 건 아니었다. 처음 소개팅을 한 날, 카페 문을 열고 들어오는 화려한 의상의 소매 없는 퍼 베스트^{fur vest}에 발랄한 노란색의 짧은 치마를 입고 롱부츠를 신은 그녀의 모습은 그가 막연히 상상해오던 강남 언니의 모습이었다.

그때까지만 해도 그는 가급적 눈에 띄고 싶지 않은, 무채색의 스타일을, 사실 스타일이랄 것도 없는, 무난함을 추구하는 사람이었다. '헛' 소리가 자기도 모르게 나왔다. 다소 강렬했던 첫인상과는 달리 막상 이야기를 해보니 그녀는 밝고, 에너지가 넘치는, 함께 있을수록 즐거워지는 사람이었다. 해맑게 웃는 모습이 경쾌한 웃음소리가 그렇게 좋을 수 없었다.

어린 시절부터 성북동에서만 자란 그가 강남을 처음 경험한 것은 대학교에 입학하고 난 뒤였다. 그의 친척들도 대부분 강북에 거주했기 때문에 강남에 갈 일은 거의 없었다. 그가 입학한 과에는 유난히 강남의 명문 고등학교 출신이 많았다. 고등학교 때까지 만났던 친구들과 분위기가 너무나 달랐다. 지금 생각해보니, 넉넉지 못한 청소년기를 보내야 했던 그에게 부족한 것 하나 없어 보이는 그들의 거침없는 행동이 유난히 더 마음이 쓰였는지도 모를 일이었다.

친구들은 대학교 1학년인데도 차를 가지고 다녔다. 비싼 외제 차를 갖고 다녔다. 자기들끼리만 똘똘 뭉쳐서 수업이 끝나면 잽싸게 학교를 빠져나갔다. 방학 때마다 해외연수나 여행을 다녔고, 씀씀이도 무척 컸다. 대학생인데도 대화의 주제가 대부분 부동산이나 차에 관한 거였다. 공연한 자격지심이 생겨나 강남에 대한 반발이 생겼다. 무조건 강남이 싫었다. 아무런 노력도 하지 않고 부모 덕에 누리는 부를 당연한 듯 여기는, 그 문화가 도저히 이해되지 않았다.

사람들은 그가 성북동에서 자랐다고 하면, 텔레비전 드라마에서나 나오는 성북동 윗동네의 회장님댁을 상상했다. 하지만, 그의 집은 성북동 아랫동네에 있었다. 꽤 부유했던 어린 시절을 보냈지만, 아버지의 건강 악화로 가세가 급격하게 기울었다. 그는 대부분 시간을 엄마가 사서로 계신 도서관에서 책을 읽으며 보냈다. 책 속의 세계로 도피하고 싶었는지도 모른다.

공부를 꽤 잘했던 그가 학비도 비싼 사립대를 굳이 선택한 것에 대해서 모두가 의아해했다. 엄마도 내심 섭섭해했지만, 대학교만큼은 그가 원하는 곳으로 가고 싶었다. 아무리 우리나라 최고의 학부라고 하지만, '국립'대학교엔 가고 싶지 않았다. 고등학교 때 친구들과 가끔 버스를 타고 가서 기웃거리며 바라봤던, 신촌에 있는 그 학교, 그 멋진 캠퍼스에서 대학 생활을 하고 싶었다.

얼마나 설레던 대학 생활의 시작인가? 성북동을 벗어나는 것만으로도 날아갈 것처럼 기분이 좋았다. 강남 출신의 같은 과 친구들을 만나기 전까지는 그랬다.
그 친구들은 대학교 1학년인데도 차를 가지고 다녔다. 물론 대부분 엄마 차를 빌려 타고 오는 거였지만, 비싼 외제 차를 갖고 다녔다. 자기들끼리만 똘똘 뭉쳐서 수업이 끝나면 잽싸게 학교를 빠져나갔다. 학과에서 이루어지는 행사나 활동에는 전혀 참여하지 않았다. 방학 때마다 해외연수나 여행을 다녔고, 씀씀이도 무척 컸다. 대학생인데도 대화의 주제가 대부분 부동산이나 차에 관한 거였다.

뉴스에서나 보던 부유한 '강남문화', 내가 속하지 못하는 세상인 듯했다. 공연한 자격지심이 생겨나 강남에 대한 반발이 생겼다. 무조건 강남이 싫었다. 아무런 노력도 하지 않고 부모 덕에 누리는 부를 당연한 듯 여기는, 그 문화가 도저히 이해되지 않았다.

그런데 그녀가 강남에 살자고 하는 거다. 물론 그녀가 강남에 살고 싶은 이유는 단 하나, 친정 가까이 살고 싶다는 거였다. 그는 친척들이 모여 살던 성북동이 너무 답답해서 가급적 친척들과 가까이 살고 싶지 않았다. 처갓집 근처라니! 게다가 자신이 10년 동안 모은 돈으로는 강남의 낡고 작은 아파트를 겨우 전세 얻을 수 있는 정도밖에 되지 않았다.

그에게 결혼은 곧 '뉴 챕터New Chapter의 시작'이었다. 드디어 성북동을 벗어날 수 있게 되었는데, 낡고 좁은 아파트에서 시작하고 싶지 않았다. 깨끗하고 넓은, 새 집에서 제2의 인생을 출발하고 싶었다. 한 번도 살아본 적 없는 아파트는 생각만 해도 너무 답답했다. 그렇지만, 어쩌랴. 그녀가 원하는 곳이 강남의 아파트라고 하니 따를 수밖에…….

그녀가 살고 싶었던 집은 한옥이었다. 대학 생활을 시작하면서 인사동의 전통찻집과 미술관을 틈만 나면 엄마와 돌아다녔다. 가회동 골목길의 한옥도 구경 다녔다. 서울에서 나고 자란 서울 토박이인 엄마가 중학교 시절 타고 다녔던 전차며, 고등학교 시절의 콩나물시루 같았던 만원 버스에서 남학생이 몰래 찔러 넣은 연애편지, 교복을 입고도 영화를 볼 수 있었다는 이류 영화관 이야기가 그렇게 낭만적으로 들릴 수 없었다. 오로지 입시공부에만 매달려 다람쥐 쳇바퀴 돌듯 집, 학교, 독서실을 오가던, 그녀의 고등학교 생활과 사뭇 다르게 느껴졌다.

그때부터였다. 가회동의 한옥에 대한 로망을 키운 건. 작은 마당에 철철이 꽃나무를 키우고 강아지도 같이 사는 그런 집을 꿈꿨다. 어린 시절 단독주택에서 딱 한 번 강아지를 키울 수 있었다. 작은고모가 친구네서 얻어 온 강아지를 '흰둥이'라고 불렀다. 무슨 견종인지도 알 수 없는 잡종이었지만, 품 안에 쏙 들어오는 하얀 강아지의 부드러운 촉감을 아직도 잊을 수 없다. 그 시절 강아지는 마당에서만 키우는, 집안에는 절대 들여놓지 못하는 존재였다. 과천의 아파트로 이사하면서 흰둥이는 동네 이웃집에 맡겨졌다. 흰둥이가 그리워 과천으로 이사 간 후 몇 날을 울었는지 모른다. 나중에 어른이 되면, 꼭 강아지를 키워야겠다고 결심했다.

결혼을 준비하면서 한옥에 살고 싶다는 그녀에게 엄마는 단독주택에 사는 게, 더구나 한옥에 사는 게 얼마나 힘든지 아냐며 ─ 자려고 누우면 위풍 때문에 코끝이 시린 겨울밤의 매서움을 모른다고, 아직도 철이 없다고 끌끌 혀를 차셨다. 엄마는 두 사람 다 직장에 다니고 있으니, 좀 무리를 해서라도 강남에 아파트를 사라고 했다. 셋방살이의 설움은 둘째치고 우리나라에서 부동산만큼 좋은 투자가 없다고 했다. 마침 주택담보대출 금리도 하락하고 있었다.

이명박 정부(2008~2013)는 2008년 세계경제위기로 급격하게 위축된 부동산 시장을 회복하려고 노무현 정부 때 강화된

연도별 주택담보대출 금리

단위: %

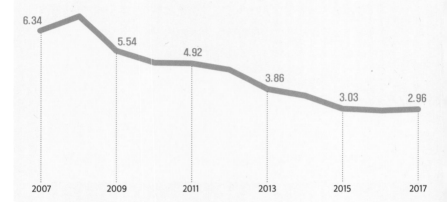

6.34

5.54

4.92

3.86

3.03   2.96

2007   2009   2011   2013   2015   2017

출처: 통계청.

큰딸 이야기

부동산 관련 규제를 차례로 해제했다. 서울 강남 3구를 제외한 투기지역을 해제했고, 양도세, 취득세, 등록세를 감면했을 뿐만 아니라, 분양권 전매 제한도 풀렸다. 2010년 대출 규제를 완화해 강남 3구를 제외한 전 지역에 대해서는 은행권 자율로 총부채상환비율DTI, Debt-to-Income을 정하게 했다. 2012년에는 강남 3구도 투기지역에서 해제했으며, 은퇴자의 DTI도 완화했다.

그뿐만 아니라 서민주거 안정을 목적으로 2009년부터 2018년까지 수도권 100만 가구를 포함해 총 150만 가구를 인근 시세보다 저렴한 가격으로 공급한다는 야심 찬 계획을 세웠다. 보금자리주택 사업은 국민의 경제적 여건에 따라 분양, 임대주택을 선택할 수 있도록 하는 수요자 맞춤형으로 공급한다는 취지로 시작되었다. 그러나 분양권 전매 제한 기간의 완화로 수도권 보금자리 주택은 당첨만 되면 상당한 시세차익을 볼 수 있는 그야말로 '로또 아파트'였다. 서울 강남과 서초, 하남 미사 등 서울 또는 서울 인근 알짜 지역에 공급된 보금자리 아파트는 청약 열풍을 몰고 왔다. 더구나 무주택 요건 때문에 대기 수요자들이 임대시장에만 머물러 집값 하락세에도 불구하고 전셋값이 급등했다.

2008년부터 2013년까지 전세가격지수(기준 월 2017.11 =

연도별 아파트 전세가격지수 변화

※ 2003~2015, 기준 월 2017. 11=100

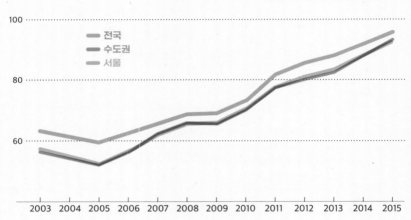

전국
수도권
서울

100
80
60

2003 2004 2005 2006 2007 2008 2009 2010 2011 2012 2013 2014 2015

출처. 한국감정원.

큰딸 이야기

100) 변화를 살펴보면, 전국의 경우에는 69.0에서 88.27로 상승했고, 수도권의 경우, 66.4에서 83.2로, 그리고 서울의 경우, 66.3에서 83.78로 상승했다. 노무현 정부(2003~2008) 당시에는 집값 폭등에도 불구하고 전세가율이 그다지 높지 않았다. 2003년부터 2008년까지 전세가격지수(기준 월 2017.11=100)는 전국의 경우, 62.77에서 69.07로 상승했을 뿐이었다. 수도권(57.44에서 66.27)과 서울(58.37에서 66.03)의 경우에도 전국의 경우보다 상승률이 조금 높았을 뿐이다.

보금자리주택 사업지가 '투기판'으로 전락하고 말았다는 우려의 목소리가 높아지자, 이명박 정부는 무주택 서민들에게 합당한 가격으로 주택을 공급한다는 명분을 내세워 '로또 아파트' 시비를 잠재웠다. 그러나 보금자리주택 사업은 박근혜 정부(2013~2017)가 들어선 이후, 축소 또는 중단되었다. 박근혜 정부는 일반 분양아파트가 40% 이상을 차지하는 보금자리주택 사업이 내 집 마련이 어려운 서민들의 주거 문제를 해결하는 데 한계가 있다는 점을 지적하고, 장기임대주택을 공급하는 개념의 행복주택 사업을 추진했다.

한옥에 살고 싶다는 그녀의 이야기를 듣자마자, 그는 차라리 강남 아파트에 살겠다고 두 손 두 발을 다 들었다. 한옥 이야기에 하얗게 질린 그의 얼굴을 보고 큰딸은 까르르 웃었다.

한국 역대 정부 주택가격 상승률 비교

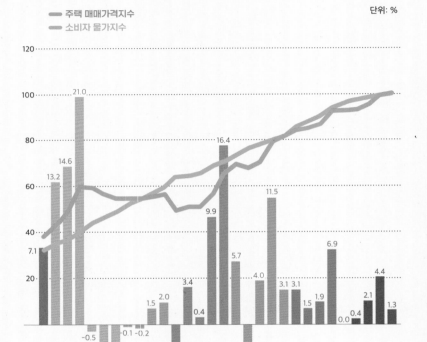

주택 매매가격지수
소비자 물가지수

단위: %

전두환 정부
노태우 정부
김영삼 정부
김대중 정부
노무현 정부
이명박 정부
박근혜 정부

출처: 한국은행, 이코노라떼.

큰딸 이야기

그녀와 다투는 것도 지치고 집 문제는 와이프에게 맡기는 게 속이 편하다고 지인들도 이야기했다. 장모님은 집을 사야 한다고 은근한 압력을 가했으나, 2008년 세계경제위기 이후 집값은 더 이상 오를 것 같지 않았다. 부동산은 이제 끝났다고 생각했다. 아니 설령 부동산 경기가 다시 살아난다고 해도 그렇게 큰돈을 깔고 앉아 있다는 게 이해되지 않았다. 주식처럼 수시로 사고팔 수도 없고, 환금성이 떨어지는 부동산에 투자한다는 건 어리석게만 보였다.

그에게 집은 잠을 자는 공간, 그 이상도 그 이하도 아니었다. 하루에 고작 몇 시간, 그것도 의식이 없는 상태로 보내는 그 시간을 위해 큰돈을 들이고 싶지 않았다. 그녀도 굳이 집을 소유할 필요도 없다고 했다. 더구나 그의 빛나는 제2의 인생을 '빚'으로 시작하고 싶지 않았다. 장모님은 1억만 빌리면 아파트를 살 수 있는데, 왜 굳이 전세를 얻냐고 몇 번이고 이야기했지만 솔직히 그 낡은 아파트를 빚까지 내가며 사고 싶지는 않았다. 아파트를 소유한다는 건, 왠지 그곳에 매인다는 생각이 들었다. 아무리 강남이라지만, 그 낡고 긴 복도를 몇 년 동안이나 쭉 걸어 다닐 걸 생각만 해도 끔찍했다.

그녀는 인테리어에 관심이 많았다. 그는 어정쩡하게 그녀의 뒤꽁무니를 쫓아다니며, 이것저것 도와주기는 했지만, 솔직히 그다지 재미있지는 않았다. 재미가 없다기보다는, '막막함', 그 자체였다. 그녀를 만나기 전까지는 집에 대한 생각을 한 번도 구체적으로 해본 적이 없었다. 집은 그저 있는 그대로 들어갔다가 이사 나오면 그만인 곳이라고 생각했다. 집을 꾸며본 경험도 없어, 집을 어떻게 꾸며야겠다는 것은 지금까지 그가 한 번도 가져보지 못한 생각이었다. 하지만 그녀의 손길이 닿은 서초동 신혼집은 밖에서 보면 무슨 뉴욕의 슬럼가처럼, 당장이라도 쓰러질 것 같았지만, 현관문만 열고 들어서면 완전히 딴 세상이었다. 그녀가 정성껏 꾸며놓은 아늑한 집에서 나는 달콤한 냄새가 그를 반겼다. 무엇보다 자기를 보며 활짝 웃는 그녀의 미소가 너무 좋았다. 처음으로 집이란 아늑한 곳이구나 깨달았다.

그녀는 집뿐만 아니라 찻잔 하나, 수저 하나까지 일일이 세심하게 골랐다. 밥을 먹는데도 어찌나 시간이 오래 걸리던지, 그녀는 조그만 종지 그릇 하나하나에 다른 반찬을 담아주었다. 물론 설거지는 그의 몫이라 속으로 굳이 반찬을 이렇게 따로 담아야 하나 생각은 했지만, 그녀와 집에서 보내는 하루하루가 나른한 봄날의 햇볕처럼 따뜻했다. 어린 시절 집은 그에게 늘 벗어나고픈 장소였다. 하지만 그녀와 함께하는 집은 머물고 싶은 곳이다. 어릴 적 친구들과 뛰어놀던, 정겹던 성북동 골목길의 그 집 같았다. 아버지의 병환으로 삶의 무게가 엄마의 어깨를 짓누르기 전의 다정했던 공간, 그 곳이 그가 그토록 싫어하던 강남이어도 상관없었다.

아니 막상 살아보니, 강남의 낡은 아파트에서 생활은 모든 것이 편리했다. 사람들이 왜 그렇게 강남, 강남 목놓아 부르 는지 슬며시 고개가 끄덕여지기 시작했다.

엄마 말대로 그때 아파트를 샀어야 했다

무조건 강남이 싫다던, 그도 강남이라는 지역이 주는 편리성에 고개를 끄덕이는 데는 그리 오랜 시간이 걸리지 않았다. 서초동 신혼집에서 강남역 근처에 있는 그의 오피스까지 차로 10분도 걸리지 않았다. 사실 조금 서둘러 나오면 아침 운동 삼아 충분히 걸어갈 수도 있었다. 성북동 집에서 출퇴근할 때는 상상도 할 수 없는 일이었다. 교통체증을 피해서 나와도 한 시간은 꼬박 걸렸다. 게다가 회식이 있어서 사무실에 차라도 두고 오는 날엔 성북동 집에서 한참 기다려 마을버스를 타고 지하철역까지 와서 택시를 타거나 지하철 4호선을 타고 또 2호선으로 갈아타야 했다. 사무실에 도착하면 이미 너무 지쳐 있었다. 서초동 집에서는 대중교통을 이용하기가 너무 좋았다. 아파트 단지 입구에서 조금만 기다리면 택시나 버스가 금방 도착했다. 굳이 운전하지 않아도 되었다.

게다가 낡은 아파트 단지 내의 상가는 보물창고였다. 그가 맨 처음 뉴욕의 슬럼가 같은 아파트 단지 내의 쓰러질 듯한 상가건물을 처음 마주했을 때는 도저히 들어가고 싶은 마음이 들지 않았다. 하지만 그녀의 손에 이끌려 들어간 그곳에는 없는 것이 없었다.

상가 1층에는 입안에 군침이 돌게 하는 반찬가게부터 막 구워 나온, 김이 모락모락 나는 식빵, 신선한 야채, 생선, 고기를 파는 가게부터 온갖 다양한 수입품을 파는 가게. 그리고 그녀가 사랑하는 떡볶이를 파는 분식점까지! 게다가 강남 사람들은 모두 차갑고 쌀쌀맞을 거라는 그의 선입견과는 달리, 마치 오래된 동네의 마트에 온 것처럼 장을 보러 온 어머니들과 상점 주인들은 서로의 안부를 묻곤 했다. 성북동 근처의 시장에서 엄마가 장을 보던 모습과 너무 닮아 있었다. 상가 2층에는 미용실이 두어 곳이나 있었고, 지하층에는 피트니스 센터와 실내 골프연습장이 있었다. 맞벌이하는 그와 그녀에게 단지 내의 상가는 없어서는 안 될 너무나 소중한 존재가 되었다.

어느 날 사무실에서 우연히 본부장과 점심을 먹고 난 후, 차를 마시며 시작된 강남과 강북의 이야기는 흥미로웠다. 만약 강북과 강남의 부촌 지역 중 어느 한 곳을 선택해야 한다면 어디에 살 것인가에 대해서 서로의 생각을 나누게 되었다.

사무실의 대표적인 강남 오빠, 이 본부장은 늘 멋쟁이다. 처음엔 본부장 와이프가 세심하게 신경을 많이 써준다고 생각했는데 아니었다. 본부장은 양말의 컬러, 텍스쳐^{texture}까지 옷에 맞추어 자신이 직접 코디한다고 했다.

뉴욕에서의 오랜 유학 생활 덕분인지, 머리부터 발끝까지 — 적당한 웨이브의 헤어스타일부터 나이키 트레이닝슈즈까지 — GQ 패션 잡지에 나올 법한 스타일링이었다. 그의 눈에 비친 본부장은 센트럴파크에서 마주치는 세련된 뉴요커였다. 어떻게 저렇게 자연스럽고 멋진 헤어스타일을 연출하나 했더니, 그의 와이프보다 더 부지런히 미용실에 다니는 듯했다. 샤워를 끝내고 아침마다 무스를 쭉 짜서 머리에 쓱 바르고 마는 자신의 헤어스타일과는 비교도 되지 않았다.

한 번은 재킷 위에 무심한 듯 스웨터를 걸친 모습이 남자인 그의 눈에도 너무 멋져 보여서 그 스타일을 연출한 것인지, 아니면 우연한 결과인지 물어보기까지 했다. 본부장은 그의 질문이 재미있다는 듯이 깔깔 웃으며 친절히 설명해주었다. 세련된 강남 이미지와 달리, 본부장은 의외로 소탈한 면이 있었다. 강남 사람들은 다소 가식적일 거라는 그의 선입견을

123　없애주었다.

초등학교 때(1970년대 중반)부터 강남에서 사는 강남 키드^{kid}인 본부장은 정부의 강남 개발계획에 따라 대한 주택공사가 건설한 최초의 주공아파트인 구반포주공아파트에 가장 먼저 입주한 사람 가운데 한 명이었다. 본부장 어머님은 부동산에 눈이 밝은 친구를 따라 강북의 미아리에서 구반포주공아파트로, 구반포에서 역삼동의 개나리 아파트로, 그리고 역삼동에서 분당으로까지 이사했다고 말했다. '친구 따라 강남 간다'는 말은 본인 어머니를 두고 한 말이라며 웃었다.

유복한 집안의 막내아들인 본부장은 구반포에서 통의동에 있는 사립학교를 다녔는데, 통의동 골목길에 대한 기억이 아직도 생생하다고 했다. 친구들에 비해 늦게 결혼한 본부장의 아들에 대한 사랑은 각별했다. 아들에게도 골목길의 기억을 물려주고 싶어서 틈만 나면 아들 손을 잡고 통의동, 삼청동, 계동 골목길을 같이 다녔다고 했다. 반듯반듯하고 깔끔하게 정리된 아파트 길에 익숙한 아들은 이곳저곳으로 연결되는 구불구불한 골목길과 그곳에서 만나는 상점들을 매우 신기해한다며, 아파트에 사는 것이 행여나 아이들 정서를 메마르게 하는 건 아닌지 걱정했다.

흥미로웠던 건, 우리 사회에서 독특한 부의 상징적 공간으로 간주되는 '강남'에 대한 본부장의 경험이었다. 본부장이 다니셨던 통의동 사립학교 동창들은 대부분 성북동, 평창동 같은, 소위 우리 사회에서 전통적인 부자들이 사는 지역의 출신들이었다.

동창들이 바라보는 강남에 대한 이미지는 한마디로 '벼락부자'나 '졸부'였다. 강남에 대한 친구들의 시선을 깨달은 뒤로는 자신이 강남에 산다는 걸 이야기하는 것을 왠지 꺼리게 되었다고 했다. 본부장 친구들도 자녀의 학군 때문에 강북의 주택을 세를 주고 강남의 아파트로 이주해 살고 있지만, 강남을 바라보는 그들의 시선은 여전한 듯하다고 이야기했다. 본부장은 강남과 강북의 차이를 느끼거나 의식해본 경험이 별로 없다고 했다. 강북과 강남, 어느 곳에 살아도 상관은 없지만 강북의 부촌 지역은 차가 없으면 생활하기가 너무 어렵고, 뭘 하든지 동네 밖을 벗어나야 하는 것이 싫다고 했다. 워낙 동네를 어슬렁거리며 구경 다니는 걸 좋아하는데, 성북동이나 평창동은 높은 담벼락과 커다란 대문 이외에는 볼 것이 하나도 없고, 걸어 다니는 사람도 별로 없어서 사람 냄새가 안 난다고 했다. 게다가 커피라도 한잔 마시려면, 꼭 차를 타고 이동해야 하는 불편함이 별로라고 했다.

강남의 부촌인 청담동이나 압구정동은 지하철을 비롯한 대중교통 이용이 매우 편리하고, 주변에 백화점이나 카페, 레스토랑, 부티크 스토어, 갤러리 같은 다양한 편의시설을 걸어서 이용할 수 있을 뿐만 아니라, 무엇보다 좋은 학교와 학원들이 있다는 점을 꼽았다.

매스컴에서 오히려 지나치게 강북과 강남의 차이를 과장해서 이분법적으로 설명하려는 것이 싫다고 했다. 대중에게 그들이 만든 강남에 대한 허구적 이미지를 각인시켜, 이런 것들이 사회를 더 분열시키는 것 같다고 우려했다. 세계의 어느 도시를 가나 '강남' 같은 장소는 존재하기 마련인데, 마치 서울의 강남에는 일그러진 욕망만으로 가득 찬 사람들이 사는 것처럼 묘사되는 것이 못마땅하다고 했다.

> "강북의 오래된 부촌은 현대사회가 제공하는 것들을 제공하지 못하는 것 같아요. 강남이라서 사람들이 몰리는 게 아니라 강북이 시대의 흐름을 못 따르는 게 아닐까요? 강북이 변화되면 사람들은 또 그쪽으로 이동하겠죠. 1970년대와 1980년대에 강남으로 몰렸던 것처럼."

본부장과 이야기를 나누다 보니 그가 지난날 갖고 있던 강남에 대한 공연한 자격지심과 반발심이 어쩌면 그동안 누군가가 규정한 강남에 대한 정체성을 자신도 모르게 받아들인 결과가 아닌지 생각하게 되었다.

2015년을 기준으로 우리나라 전체 인구(5,107만 9,400명)의 약 3%, 서울 인구(990만 9,400명)의 약 16%가 강남 3구(강남, 서초, 송파)에 거주하고 있다. 1970년대 이후 한국의 급속한 경제성장 과정에서 과밀화되어가는 구시가지의 인구 분산 및 서울의 균형발전을 위해 개발되기 시작한 '강남'이라는 지역은 세인들의 많은 관심과 비판을 동시에 받는, 사회적으로 경계화된 독특한 공간이다. 개발과정에서 이미 집중적인 투기의 대상이 되었던 강남은 우리 사회에서 '복부인'이라는 신조어를 만들어낸 공간이기도 하다.

강남에 대한 남다른 사랑은 고위 공직자들도 마찬가지다. 복부인의 상징이었던 '빨간 바지'의 주인공 역시 고위직 공무원의 아내였고, 이후 대통령의 부인이 되었다. 생각해보면 어떻게 평범한 일반인이 토지개발에 대한 정보를 남들보다 빨리 알 수 있단 말인가. 2017년 3월 공개된, 4급 이상의 고위 공직자 2,351명의 재산 내역을 살펴보면, 서울에 건물을 가진 이가 약 43%였고, 이 가운데 강남 3구에 건물을 보유한 이도 약 22%로 나타났다.(정선언·조혜경, 2017) 《중앙일보》에서 코드 나무와 함께 고위 공직자가 보유하거나 임차한다고 신고한 건물 밀집 지역을 조사한 바에 따르면, 1위는 서초구 서초동이었고 2위는 강남구 대치동 그리고 3위는 서초구 반포동인 것으로 나타났다. 상위 10개 지역 중 9개 동네가 강남 3구에 있었고 유일한 비강남 지역은 용산구 이촌동(9위)이었다.

2020년 3월에 공개된 고위 공직자들(2,390명)의 재산 내역도 비슷했다. 고위 공직자들의 주택이 가장 많이 몰려 있는 지역은 여전히 서초구(198명)와 강남구(185명)로 나타났고, 3위에 세종시가 올라온 점이 2017년과 다른 점이다. 하지만 송파구가 세종시 다음인 4위로 나타나 고위 공직자들의 강남 3구 사랑은 여전함을 알 수 있다.

강남이라는 지역에 대한 세인의 관심과 비판은 점점 더 벌어지는 강남과 비강남 지역, 혹은 강남과 강북 간의 격차에서 비롯된다. 부동산 가치뿐만 아니라 소득 수준, 가구주의 학

서울 강남 3구에 집중한 고위 공직자 보유 건물

고위 공직자 보유한 건물, 어디에 있나

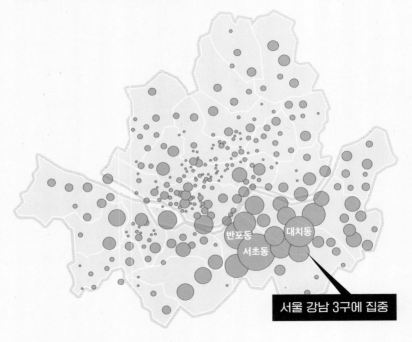

반포동
서초동
대치동

서울 강남 3구에 집중

출처: 《중앙일보》, 2017년 4월 5일.

력, 주거환경 만족도 등에서도 두 지역 간의 차이가 뚜렷이 나타난다. 2020년 1월 19일 부동산 114가 발표한 통계자료에 따르면, 강남 3구 지역의 아파트 가구당 평균 매매가는 약 17억 2,000만 원(2019년 12월 기준)으로 강북 3구(노원, 도봉, 강북) 지역(약 4억 3,300만 원~5억 10만 원)의 최대 4배에 달하는 것으로 나타났다. 강북 3구의 아파트 4채를 팔아야 강남 3구 지역의 아파트 1채를 살 수 있다는 것이다. 강남 3구 지역과 강북 지역의 평당 아파트 가격의 차이는 지난 몇 년간 더욱더 확대됐다.

소득 수준을 살펴보자. 2018년 서울연구원에서 발표한 '2016 서울서베이'를 살펴보면, 월평균 200만 원 미만의 저소득층 가구의 비율이 높은 생활권은 강북 지역의 도심권, 동북 1 생활권 순으로 나타난 반면, 500만 원 이상의 고소득층 가구의 비율이 높은 생활권은 강남 지역의 동남 1, 2 생활권으로 나타났다. '2016 서울서베이' 자료를 바탕으로《헤럴드경제》에서 서울 25개 구별로 산출한 가구당 월평균 소득 결과에서 월평균 가구소득이 가장 높은 서초구(500~550만 원)와 가장 낮은 중구(345만 원)와의 소득 격차는 약 170만 원 정도다. 연 소득으로 따져보면, 연간 약 2,000만 원 정도 차이가 나며, 5년이 지나면 1억 원 넘게 차이가 난다.

강남 3구와 강북 지역의 평당 아파트 가격 차이

● 강남 3구
● 강북

단위: 만 원

2910 3020 3254 3605 4154

1601 1618 1712 1848 2015

2013년 12월　　2014년 12월　　2015년 12월　　2016년 12월　　2017년 12월

출처: 《매일경제》, 2018년 1월 15일.

큰딸 이야기

가구주의 학력은 어떠할까? '2016 서울서베이' 보고서에 따르면, 가구주의 학력 수준 간 지역적 편차 또한 크게 나타났다. 4년제 대졸 이상의 학력을 가진 고학력 가구주의 비율이 가장 높은 곳은 강남구(56%), 서초구(51.1%), 그리고 강동구(49.1%)였다. 반면 4년제 대졸 이상 학력의 가구주 비율이 가장 낮은 강북구(30.8%)의 경우, 강남구와 약 25% 정도 차이가 났다.

자치구별 주거환경 만족도 결과에서도 만족도 10점 만점에 서초구가 6.5점으로 가장 높게 나타났고, 중랑구가 5.77점으로 가장 낮게 나타났다.

그토록 강남을 싫어하던 강북 오빠, 그 자신조차도 강남에 산 지 2년이 채 되지 않아 강남에 신혼집 마련하기를 잘했다고 그녀에게 이야기했다. 전세 살고 있던 낡은 신혼집 아파트가 재건축에 들어가 다시 집을 구해야 했을 때도, 그는 망설임 없이 그녀가 선택한 서초구의 한 동네로 이사했다. 그녀의 친척 어른이 사셨던 동네라 어릴 적부터 자주 왔던 곳이라며 그녀가 그의 손을 잡고 동네 구경을 시켜주었다. 가장 마음에 들었던 건, 이 동네가 아파트만 즐비한 곳이 아니라는 점이었다. 아니 아파트는 오히려 찾아보기 어려웠다. 단독주택과 빌라가 어우러진, 어릴 적 친구들과 뛰어놀던 성

서울시 자치구별 월평균 가구소득(세금납부 전)

당신의 지난 1년간 세전 월소득은 얼마입니까

단위: 만 원

※자치구별 가구소득은 해당 구간 내 평균값에
　가장 근사한 금액으로 표기한 것임
※색이 진할수록 액수가 많은 자치구
　출처: 2016년 서울서베이,

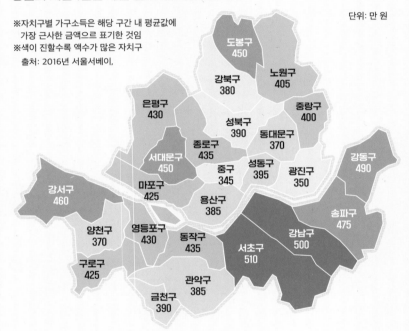

도봉구 450
강북구 380
노원구 405
중랑구 400
은평구 430
성북구 390
동대문구 370
강동구 490
종로구 435
서대문구 450
중구 345
성동구 395
광진구 350
강서구 460
마포구 425
용산구 385
송파구 475
양천구 370
영등포구 430
동작구 435
서초구 510
강남구 500
구로구 425
관악구 385
금천구 390

출처: 《헤럴드 경제》, 2018년 3월 30일.

큰딸 이야기

북동의 그 골목길이 떠오르는, 본부장 표현대로 '사람냄새 나는' 동네다. 그녀와 함께 오래도록 살고 싶은 곳이다.

강남은 이제 더 이상 무조건 싫기만 한 곳이 아니었다. 강남은 그에게 쾌적한 주거환경을 제공하는 곳이 되었다. 그도 점점 강남 오빠가 되어가고 있었다.

참고문헌

김강래, 「강남 북 집값 차이 갈수록 더 벌어진다」, 《매일경제》, 2018년 1월 15일.
정선언·조혜경, 「고위 공직자들이 사랑하는 동네는?」, 《중앙일보》, 2017년 4월 5일.
「서울 자치구별 월 소득 비교해보니… 1위는 ○○구」, 《헤럴드경제》, 2018년 3월 30일.
서울특별시 서울연구원(2017.12), 『한눈에 보는 서울 2017』, 서울특별시.

엄마 말대로 그때 아파트를 샀어야 했다

사무실의 대표적인 강남 오빠인 본부장과 강남과 강북 지역
에 관해 이야기를 나눈 후, 그는 친구들 혹은 사무실 직원들
과 부동산 이야기를 할 기회가 생기면 강남에 대한 생각을
물어보았다. 자신이 가졌던 강남에 대한 선입견을 다른 사람
들도 갖고 있는지 호기심이 발동했기 때문이었다.

강남 거주자와 비강남 거주자가 바라본 강남은 어떻게 다를
까? 본부장 못지않게 세련됨을 자랑하는 사무실의 대표적인
강남 언니 강 팀장은 철저하게 '프로^pro^강남(강남 지지자)'이
었다. 강 팀장은 어릴 적부터 유복한 집안에서 성장해 한 번
도 경제적 어려움을 겪은 적이 없었다.

그녀는 초등학교 1학년까지 성북동의 단독주택에 살면서 사립초등학교에 다녔지만, 교육열이 대단했던 어머니는 그녀와 남동생의 교육을 생각해서 강남으로 이주를 결심했다고 했다. 강남으로 이주는 비단 교육 때문만은 아니었다. 워낙 부동산에도 관심이 많았던 터라 강남의 아파트 가격이 빠르게 상승하는 걸 알고는 1980년대 중반 성북동의 단독주택을 미련 없이 팔고 대치동 아파트로 이사를 했다. 그 이후 지금까지 강남구에만 거주했다고 한다.

어머니의 영향 때문인지, 자신도 부동산에 관심이 많아서 강 팀장은 대학교 때 이미 자신의 명의로 된 주택을 마련했고 (물론 부모님의 도움이 컸지만), 토지와 주택에 대한 투자를 계속해왔다고 이야기했다. 자신의 친구들도 자신과 경제적 상황이나 관심사가 비슷해서 서로 부동산 투자나 관련 세금에 대한 정보를 나눈다고 했다.

그렇다고 그녀가 집을 단순히 투자의 대상으로만 보는 것은 아니었다. 놀랍게도 그녀는 집을 "나에게 '부모님' 같은 존재예요"라고 표현했다. 구체적으로 어떤 뜻인지 묻자 그녀는, "집은 쾌적하고 안정적인 존재죠. 부모님처럼 나를 보호해주고 없어서는 안 될 존재예요"라고 이야기했다.

주택 구입 시 가장 중요한 건 '위치', 바로 '로케이션^{Location}, 로케이션^{location}, 로케이션^{location}'이라는 점을 강 팀장은 세 번이나 반복해 강조했다. 1980년대 중반부터 지금까지 그녀의 가족들이 대치동을 고집하는 이유는 첫 번째는 학군이고, 두 번째는 교통(지하철뿐만 아니라 버스 서비스도 매우 편리하고 차를 이용할 때도 고속도로나 강북, 강남의 다른 지역으로 이동하기에 매우 용이한 점), 세 번째는 다양한 쇼핑몰과 카페나 레스토랑, 그리고 병원 같은 편의시설이 많다는 점을 들었다.

그녀의 전 직장이 성북동에 있었는데, 강북의 대표적인 부촌 지역이었음에도 강남보다 불편한 점이 한둘이 아니었다고 했다. 어디든 차를 타고 움직여야 했고, 야근이 잦았는데 간단한 저녁을 먹기도 어려웠다고 했다. 무엇보다 왠지 자신이 중심부가 아닌 주변부로 밀려났다는 느낌을 떨쳐버릴 수 없었다고 했다. 그녀는 성북동에서 직장생활을 하면서 강남이 얼마나 편리한 곳인지 더욱더 뼈저리게 느끼게 되었다고 했다.

"저는 사실 강남 이외의 지역에 거주해본 적도 없고요. 앞으로도 그럴 계획은 없어요. 제 생각에 저는 '뼛속까지 강남 아이'인 거 같아요."

그녀는 강남에도 다른 지역과 마찬가지로 여러 계층이 존재한다는 점을 지적했다. 그런데도 사람들은 강남을 마치 동일한 특성이나 문화를 공유하는 하나의 지역으로 간주하는 것 같다고 했다. 그녀가 이런 생각을 처음 갖게 된 것은 중학교 때 담임 선생님의 요청으로 같은 반 아이의 집을 찾아갔을 때라고 했다. 대치동의 즐비한 아파트 단지에서 제법 떨어진 곳이었는데, 반 아이가 살던 집은 반지하에 있었다. 문을 두드리자, 반 아이의 어머니가 문을 열어주며 들어오라고 했다. 얼결에 들어가 어머니가 주신 물 한 잔을 손에 들고 앉아 있다가 나왔다고 했다.

지금까지 그녀가 경험했던 것과는 너무나 다른 세상이었다. 그녀와 주변인들이 공유하는 문화는, 예를 들면 동일한 족집게 과외 선생님을 공유하고, 영어 과외는 미국 원어민에게 받고, 미군 부대에서 주최하는 추수감사절Thanksgiving 같은 행사에는 당연히 여러 번 초대되어 가봐야 하고, 방학마다 가는 특정한 해외 여행지가 있고, 특정 대학에 입학을 하고, 대학 입학 이후 부모님이 어느 정도의 차를 사주는 것 등이었다. 하지만 이러한 문화를 강남의 모든 계층이 누리는 건 아니라고 했다.

그녀는 강남에 대한 무조건적인 비판적 시각이 몹시 못마땅하다고 했다.

"강남 사람들을 마치 모두 투기꾼으로 몰고 좋지 않게 이야기
할 때면 솔직히 화가 나죠. 그런데 사회 분위기 상 조용히 참
는 거예요. 물론 조부모님에게 받은 재산이 있어서 다른 사람
들보다 불편 없이 사는 것은 인정해요. 하지만 저희 부모님도,
제 자신이나 저희 남동생도 열심히 노력해서 물려받은 재산을
지키고 늘려나간 거예요. 절대로 법에 어긋난 행동을 한 것도
아닌데 강남에 산다는 것 자체를 범죄시하는 지금 사회 분위
기가 어이없어요. 아니 솔직히 강남 아파트 가격이 오르는 게
우리 잘못은 아니잖아요. 부동산 가격을 안정화 못 시키는 정
부의 정책이 문제가 있는 거죠. 그래 놓고 그걸 왜 강남 사람
들 탓으로 돌리는 건지 이해가 안 가요."

자본주의 사회에서 자산의 증식이 왜 죄악시되어야 하는지
모르겠다고 얼굴까지 빨갛게 달아오를 정도로 흥분해 이야
기했다.

평상시에는 다소 새침했던 그녀가 웬일인지 자신의 속내를
드러내서 무척 의아했지만, 그녀는 그가 대학 때 경험했던
'내가 속하지 못한' 그 강남문화의 중심에 있었다.

하지만 그녀의 이야기를 들으며 대학 때 생겼던 공연한 자격지심이나 강남에 대한 반발이 더 이상 생기지는 않았다. 그런 문화가 무조건 싫지도 않았다. 그냥 나와는 다른 세상, 그녀가 말한 대로 자본주의 사회에서 부의 불평등은 어쩔 수 없는 것이 아닌가. 부의 재분배는 필요한 일이지만, 부의 축적 자체를 비판하는 건 자본주의, 시장주의 자체를 부정하는 모순이 아닐까.

자본주의 사회에서 부의 불평등은 어쩔 수 없는 것이 아닐까. 부의 재분배는 필요한 일이지만, 부의 축적 자체를 비판하는 건 자본주의, 시장주의 자체를 부정하는 모순은 아닐까.

뼛속까지 강남 아이인 강 팀장의 이야기를 듣고 난 이후, 사실 며칠 동안은 그녀와 사무실에서 마주치는 게 영 어색했다. 그와 같은 공간에서 일하고 있으나, 그와 다른 세상에 사는 '그녀.' 한편으론 사는 게 참 재미있다는 생각이 들었다. 그런 특정계층을 마주칠 일은 평생 없으리라 생각했는데 말이다.

그의 회사와 함께 꽤 오랜 시간을 일해온 디자인 회사의 송 실장과 새로 론칭Launching하는 게임 프로그램 관련 미팅을 끝낸 후, 식사하며 대학 시절 이야기를 하게 되었다.

송 실장은 대학에서 사진을 전공했는데, 전공 특성상 강남의 부유한 친구들이 학과에 많았다고 했다. 자신이 '강남'을 경험한 건, 대학교 1학년 신입생 OT^Orientation를 갔을 때였다고 했다. 그때 어안이 벙벙했던 기억이 아직도 생생하다며 이야기를 시작했다. 송 실장은 어린 시절 아버지 사업이 어려워져 서울에서 인천으로 이사를 가게 되었다고 했다. 강북의 성북동에서 성장한 그와 마찬가지로, 송 실장도 고등학교를 졸업할 때까지 강남에 대해서 전혀 알지 못했다.

신입생 OT에서 제법 예쁘장하게 생긴 친구가 그녀를 보고 대뜸 물어본 첫 마디, "너는 강남이야, 강북이야?" 처음 그녀는 이 질문이 무슨 뜻인지 이해되지 않았다고 했다. 강남과 강북이라니? 난 인천 출신인데?

우선 강남과 강북이라는 지역적 구분은 매우 서울 중심적 발상이다. 서울 인구는 대한민국 인구의 약 19% 정도일 뿐이다. 그럼에도 서울에서 성장기를 보낸, 서울이 고향인 거주자들은 마치 대한민국 국민 전체가 서울에 거주하는 것처럼 생각하며, 인구의 80%가 거주하는 비서울권은 존재도 하지 않는 듯 행동할 뿐만 아니라 비서울권 지역에 대한 관심도 이해도 부족한 것이 현실이다.

송 실장이 우물쭈물 답을 못하고 있자 자신은 지금 분당에 살지만 강남에서 고등학교 때까지 성장했다면서, 자신의 '아이덴티티Identity'를 강남으로 표현했다. 송 실장이 인천 출신임을 알자마자 그녀는 이내 다른 강남 출신의 친구들에게로 옮겨갔다.

자신의 아이덴터티가 어떻게 '강남'일 수가 있는지……. 그때는 이해할 수 없었다. 하지만 직장생활을 하는 동안, 자신의 주택이 어디에 위치하는지가 곧 자신의 사회적 위치를 설명해주고 그것이 '힘'이며, '권력'임을 깨닫게 되면서 송 실장은 신입생 OT에서 만난 같은 과 친구의 행동이 이해되기 시작했다.

인천에서 채워지지 않았던 문화적 활동에 대한 갈망 때문에 고등학교 때부터 틈만 나면 친구들과 서울의 대학로로 연극을 보러 왔던 송 실장은 오로지 인천이라는 지역을 벗어나고 싶어서 대학교도, 직장도 가급적 먼 곳으로 구했다.

직업 특성상 야근이 많아 직장과 가까운 곳에 집을 구하는 편인데, 처음 서울에 집을 구한 곳이 강남구 논현동이었다. 2000년대 중반 연립주택 옥탑방을 보증금 500만 원에 월 30만 원에 구했다. 자신이 그동안 사진 아르바이트를 하며 모은 돈으로 구한 집이었는데, 겨울엔 난방이 되지 않아 지

내기가 너무 어려웠다. 자신이 거주하던 연립주택에는 유흥업소에서 일하는 여성이 많았는데, 어머니가 와서 보시고는 깜짝 놀라셔서 당장 방을 빼라고 했다. 그녀가 상상한 강남과는 거리가 멀었던 논현동 연립주택에서 생활은 강남에 대한 오해와 환상을 깨버렸다.

강남구 논현동의 옥탑방 주거환경에 너무 충격을 받았는지, 짠순이 어머니가 선뜻 보증금을 지원해주겠다고 했다. 서초구 잠원동의 연립주택 원룸(15평 정도)을 보증금 3,000만 원에 월 20만 원에 계약을 했다. 조용한 주거지역에 있던 잠원동의 집은 아침나절 햇빛이 환하게 들어오는 따뜻한 집이었다. 처음으로 집다운 집에 산다는 느낌이 들었다.

학창 시절 내내 비좁은 다세대 주택에서 부모님과 오빠, 자신, 이렇게 네 식구가 사는 게 너무 답답했다고 했다. 자신을 악착같이 입시 준비와 취직 준비에 매달리게 한 건, 순전히 그 답답한 집 덕분이었다고 말하며 웃었다. 송 실장이 대학에 들어간 이후, 부모님은 드디어 소원하던 아파트로 이사를 가게 되었다.

송 실장의 이야기를 들으며, 그는 자신의 어린 시절을 떠올렸다. 자신도 성북동 집에서 벗어나고 싶어 몸부림을 쳤기 때문이다. 대학 생활을 하는 동안에도 외국인 기숙사에 빈 방이 있는 걸 알게 되어 운 좋게 2년 동안 거주할 수 있었다. 그때의 해방감이란! 왠지 모를 위로감 같은 게 생겼다. 돌아 보고 싶지 않은 그 시간을 자신만 보낸 것이 아니라는 위로 감……. 송 실장도 강남에는, 더구나 아파트에는 절대로 살 고 싶지 않다고 했다. 강남이라면 무조건 싫다던 몇 년 전 자 신의 모습이 떠올라 그는 빙그레 웃었다.

그렇지만 최근 들어 송 실장은 강남에 아파트가 한 채 있으 면 좋겠다는 생각이 들기 시작했다고 한다. 내가 살고 싶지 는 않지만, 그걸 담보로 뭐라도 할 수 있지 않을까 싶다고. 송 실장은 서울의 미친 아파트 가격에 대한 뉴스를 들을 때 마다, 화가 나는 게 아니라 오히려 "우리 부모님은 강남은 고 사하고 왜 서울에 아파트 한 채도 없는 걸까"라고 중얼거리 게 된다고 했다.

정부가 아무리 단속해도, 주택시장은 안정되기는커녕 지속 해서 오르기만 했다. 그리고 앞으로 더 오를 것 같은 불길한 예감이 들었다. 슬픈 예감은 한 번도 틀린 적이 없다고 한 이 승환의 〈한 사람을 위한 마음〉 노랫말처럼 이 예감은 아마 적중할 것이다. 그녀의 표현대로 강남의 아파트는 마치 '돈 을 찍어내는 기계' 같았다. 이 사회가 만들어낸 강남이라는

허구적 세상은 송 실장이나 그에게 더 이상 '살 수 없는 곳'
이 되어버렸다. 한번 벌어져버린 강남과 비강남권 간의 간극
은 좀처럼 좁혀질 줄을 몰랐다. 장모님 말씀대로 2010년 빚
을 내서라도 아파트를 샀어야 했나……. 강북의 아파트 4채
를 팔아야 강남의 아파트 한 채를 겨우 살 수 있다고 하지 않
았던가!

송 실장과 그녀의 약혼자도 처음엔 주택을 군이 소유할 필요
가 있을까 생각했지만, 우리나라에서 아파트만큼 자산적 가
치가 있는 것은 없다는 사실을 뼈저리게 느낀다고 했다. 강
남의 똘똘한 아파트 한 채가 그녀의 모든 생활 — 나이 드신
부모님을 돌보는 일부터, 사업자금, 자신의 노후 생활 등 —
을 책임질 수 있다는 생각이 든다고 했다. 아무 의미가 없다
고 생각했던 주택청약통장도 혹시 모를 주택 마련의 기회를
잡기 위해 서랍 안에 고이고이 잘 모셔두고 있다고 했다.

> "저는 부모님 세대랑은 다르게 살 줄 알았어요. 집 한 채를 장
> 만하려고 아등바등 사는 게 아니라, 살고 싶은 곳에서 마음 편
> 히 살 수 있을 줄 알았어요. 차를 타고 다녀보면 서울에 아파
> 트가 저렇게 많은데 내가 살 곳, 내가 살 수 있는 곳은, 하나
> 도 없다는 게 정말 기운 빠지게 하죠."

엄마 말대로 그때 아파트를 샀어야 했다

2013년 큰딸은 서초동의 신혼집을 떠나야 했다. 입주하기 전 수리를 했어도 낡은 아파트는 끊임없이 문제가 발생했다. 그럴 때마다 집주인에게 일일이 연락하는 것도 너무 스트레스를 받는 일이었다. 더구나 2013년 재건축 사업 승인이 나자 집주인은 더 이상 개보수를 해주려고 하지 않았다. 노란 꽃무늬 벽지로 포인트를 주었던 거실벽에 물이 새기 시작했다. 거실 벽지의 꽃무늬는 더 이상 노란빛이 아니었다. 얼룩덜룩한 빛으로 바래져 시든 꽃이 되어버렸다. 아파트 단지 입구에 붙여놓은 '축 재건축 승인' 현수막을 볼 때마다 씁쓸했지만, 사람들이 새 아파트에 열광하는 이유를 이제는 이해할 수 있었다. 우리나라에서 낡은 아파트에 산다는 건 어쩌면 그녀가 해외에서 경험한 것 같은, 삶의 추억이 묻어나는 공간에 거주하는 게 아닐 수도 있겠다는 생각이 들었다. 서초동의 낡고 작은 아파트는 더 이상 '우리만의 따뜻한 공간'이 아니라 '그들[재건축을 기뻐하는 집주인]만의 벗어나고 싶은 공간'이 되어버렸다.

서초동을 떠나기로 한 이후, 그녀는 계동을 기웃거리며 한옥집을 알아봤지만, 역시 거주하기에는 여러 면에서 어려움이 있었다. 서초동의 아파트에서 누리던 편리한 생활 인프라 ─ 교통, 쇼핑, 문화, 그리고 앞으로 태어날 아이들의 교육 등 ─ 를 포기하기 어려웠다. 이제 막 강남에 대한 애정이 싹트기 시작한, 강북 남자였던 그녀의 남편이 오히려 그녀보다 더 굳세게 강남을 고집했다. 그녀 역시 친정집에서 멀리 떨어진 곳에서 살고 싶지는 않았다. 그렇다고 다시 아파트로 들어가고 싶지는 않았다. 친척이 살고 있어 어렸을 때 자주 놀러 갔던 빌라가 많은 동네로 이사를 했다. 친정집에서도 가까웠고, 강남에서 드물게 아파트가 거의 없었다.

물론 친정엄마는 지금이라도 아파트를 장만하라고 못마땅해했지만, 그녀가 살았던 영국과 호주에서의 동네 같은 곳이었다. 예쁜 카페와 레스토랑, 아기자기한 가게 등이 있는 동네 이곳저곳을 구경 다니는 재미가 쏠쏠했다. 집에서 5분 거리에 국립도서관과 잘 가꾸어진 공원이 있었다. 어릴 적부터 친척이 이 동네에 살아 자주 와보았던 그녀는 변하지 않는 동네 모습이 좋았다. 물론 지금은 그때 보던 단독주택들이 많이 없어지고 빌라나 다세대 주택들이 들어서기는 했지만, 아파트 단지에서는 느낄 수 없는 동네 골목길이 주는 아늑함 같은 것이 있었다.

빌라로 이사를 온 후, 그녀는 강아지 한 마리를 유기견보호센터에서 입양했다. 어린 시절 아파트로 이사를 가면서 이별해야 했던 흰둥이를 기억에서 지울 수 없었다. 동네 이웃집에 맡기고 작별 인사를 하던 날 그녀를 보던 그 초롱초롱한 까만 눈동자를 잊을 수 없었다. 다크초콜릿색의 코커스페니얼을 입양했다. Ziggy(지기)라는 이름도 지어주었다. 꼬불꼬불 엉킨 털이 마치 자메이카 출신의 음악가이자 자선가인 '지기 말리Ziggy Marley'를 떠오르게 했다. 처음엔 낯설어하던 지기도 그녀에게 마음을 열어주었다. 미용grooming을 하고 나니 그렇게 예쁠 수 없었다. 그녀를 보고 반가워 꼬리를 치는 지기가 그녀의 눈엔 세상에서 제일 예뻐 보였다.

그녀의 고등학교 동창인 정원이를 만난 그날도 지기와 국립도서관으로 산책하러 나갔다. 주말 아침은 조금 더 여유 있게 지기와 산책하며 보냈다. 덕분에 새로 이사 온 동네를 구석구석까지 알게 되었다. 정원이도 카멜camel색의 푸들을 키우고 있었다. 처음엔 너무 변해버린 정원이를 알아보기 어려웠다. 그녀가 기억하는 정원이는 숏커트 헤어스타일의 다소 보이시한 이미지였다. 20여 년이 흐른 뒤, 다시 만난 정원이는 허리까지 찰랑거리는 긴 머리에 우아한 롱드레스를 입고 챙이 넓은 모자를 쓰고 강아지와 함께 사뿐사뿐 걸어오고 있었다. 강아지들끼리 인사를 나누는 동안 대화가 시작되었다. 신기하게도 정원이는 그녀를 금세 알아보았다. 얼굴을 다 가리는 선글라스를 끼고 있었는데도 말이다. 놀라는 그녀를 보고 정원이는 낄낄 웃으며, 니 말투가 어디 가냐고 되물었다.

정원이는 어린 시절을 미국에서 보냈다. 박사 공부를 위해 미국으로 떠난 아버지를 따라온 가족이 미국에서 생활을 하다가 아버지가 한국 대학의 교수로 임용되면서 다시 돌아오게 되었다. 귀국 후, 아버지 학교 근처인 관악구 신림동에서 초등학교를 보내다가 조용한 전원생활을 원했던 정원이 엄마는 과천의 주공아파트로 이사를 했다. 정원이는 엄마가 그때 개포동 주공아파트로 이사를 할 수도 있었는데, 순간의 '잘못된' 선택으로 자식들의 미래를 망쳤다고 했다. 그때 학군이 좋은 강남의 개포동으로 이사를 했으면, 자신의 삶이 얼마나 달라졌겠냐고 엄마를 원망했다.

당시 공공기관에서 근무하던 공직자들에게는 대한 주택공사에서 개발 중이었던 개포동과 과천의 새 아파트를 선택할 기회가 주어졌다. 그녀의 친정엄마도 비슷한 이야기를 했던 기억이 어렴풋이 났다. 친정아버지가 한사코 과천을 고집하는 바람에 개포동으로 이사를 못 갔다고 이야기를 했다. 정원이는 그녀의 친정엄마와 닮은 점이 많은 듯했다. 그녀의 엄마도 은근히 경기도 과천으로 이사를 고집한 아버지에 대해서 원망 섞인 어조로 말하곤 했다.

정원이는 남편의 직장을 따라 8년 정도 홍콩과 중국에서 생활하고 1년 전에 귀국했다고 한다. 부동산 투자에 관심이 많았던 정원이는 결혼 전 직장생활을 하면서 이미 갭 투자를 해서 방배동에 방 3개짜리 아파트를 장만했다. 2004년에 구입할 당시 아파트 가격 대비 2019년 현재 약 3배 정도 올랐다고 했다. 자신이 직장생활을 하는 동안 모은 돈 1억 원과 부모님께 빌린 1억 원으로 전세를 끼고 아파트를 매입했다. 좀 의외였던 건, 정원이 부모님의 반응이었다. 아버지는 정원이의 과감한 투자를 흐뭇해했던 반면, 엄마는 그렇게 큰 빚을 언제 갚냐며 혀를 끌끌 차며 오히려 걱정만 했다고 했다. 큰딸의 부모님과 너무나 대조적이었다.

중국에 있는 동안에도 정원이는 부동산 투자를 위해 여러 차례 홍콩과 중국을 부지런히 오갔다. 중국에서 저렴한 주택을 장만해 리노베이션Renovation을 해서 살다가 귀국 전 좋은 가격에 되팔아 쏠쏠한 이익을 남겼노라고 했다. 중국으로 떠나기 전 마케팅과 관련한 일을 했던 정원이는 결혼하면서 직장을 그만두고 홍콩에서 MBA를 공부한 후, 온라인 쇼핑몰을 운영하기 시작했다. 한국에 돌아온 이후에는 아파트보다 상가주택을 주로 보러 다니고 있다. 낡은 단층 주택을 매입해서 증축하면 한 건물에서 쇼핑몰의 오프라인 숍, 사무실, 그리고 거주와 임대수익을 동시에 얻을 수 있기 때문이라고 했다. 큰딸은 그저 입만 벌리고 '아, 정말 부지런해야 부동산 투자도 하는 거구나'라고 생각하며 정원이의 이야기를 들었다.

정원이가 집의 자산적 가치에 눈뜬 건, 30대 초반이라고 했다. 대학 때부터 집에서 독립하는 것이 목표였던 정원이는 직장생활을 시작하자마자, 오피스텔을 보러 다녔다고 했다. 아파트는 너무 비싸서 우선 오피스텔부터 시작해서 점차 하우징 레더Housing Ladder를 올라가려는 생각이었다고 했다. 어떻게 그렇게 야무진 생각을 했는지 큰딸은 신기하기만 했다. 무엇보다 경기도 과천에서 벗어나고 싶었다고 했다. 남들은 과천을 최고의 전원도시 운운했지만, 정원이는 어떻게 해서든 서울로 이사를 나오고 싶었다. 직장이 서대문 근처라 부모님댁에서 멀지 않은 방배동이나 반포동 쪽을 계속 알아보며, 월급을 꼬박꼬박 모았다고 했다. 직장의 다른 동료들은 옷이나 핸드백, 구두 등에 돈을 썼지만 자신은 오로지 '집'에 대한 생각뿐이었다고.

1990년대 말에서 2000년대 초에는 레지던스^Residence 투자가 인기였는데, 자신도 아파트를 장만하기 전 단계로, 레지던스나 오피스텔을 주로 보러 다녔다고 했다. 아주 우연한 기회에 사무실 근처 레지던스 분양광고를 보고 모델하우스를 찾아가 그날로 레지던스 두 채를 계약했다고 했다. 계약금은 각각 1,000만 원이었기 때문에 자신이 그동안 모아놓은 돈으로 충분히 계약금을 지불할 수 있었다고 했다. 다행히 투자했던 레지던스의 가치가 상승해서 좋은 가격에 되팔아 2004년 드디어 아파트를 매입하게 되었다.

큰딸이 아직도 빌라에 전세를 산다고 하자 하루라도 빨리 아파트를 장만하라고 했다. 정원이는 '내 집'이 있다는 것 자체가 주는 심리적 안정감이 얼마나 큰지 모른다고 했다. 마치 그녀의 친정엄마가 앞에 앉아 있는 듯했다. 어쩜 저렇게 비슷할까? 부동산에 관심이 있는 그네들이 보여주는 공통점은 주택의 자산적 가치에도 물론 관심이 많았지만, 무엇보다 중요한 건 내 집 마련이 주는 '주거 불안정의 해소'라는 점을 특히 강조했다. 정원이는 우리 사회에서 집이 없다는 건, 남의 집에 산다는 건 언제든 쫓겨날 수 있는 거라며, '내 집'이 있어야 한다고 했다. 더구나 요즘처럼 전세가가 요동치는 세상에 월급쟁이가 어떻게 2년 만에 그 큰돈을 마련하냐고……. 부동산 정책이 잘못되었다고 정부를 비판하는 일은

'아무짝에도 쓸모없는 일'이라고 했다. 차라리 그 시간에 은행이나 부지런히 쫓아다니며 적당한 주택융자가 있는지나 알아보라고 했다.

"내 앞가림은 내가 하는 거야. …… 네가 살던 집에서 쫓겨난다고 정부가 뭐하나 해줄 줄 아니. 우리 사회에선 집주인이 무조건 '갑'인 거야. 얼른 아파트 하나 장만해……. 아파트가 싫으면 굳이 들어가 살지 않아도 되잖아. 세주면 되지. 그래도 무슨 일이 생기면 내가 들어갈 집이 있다는 거랑 아예 아무것도 없는 거랑 얼마나 다른 줄 아니."

강남 오빠가 되어가는 큰딸의 남편은 오랜만에 고등학교 동창들을 만났다. 서로의 근황을 물은 뒤 다섯 남자의 수다는 자연스럽게 부동산 이야기로 이어졌다.

건축을 전공한 정재는 3년 전부터 자기 사업을 시작했는데, 무척 바쁜 눈치였다. 자유로운 영혼인 정재는 아직도 싱글이었다. 유명 건축 관련 잡지에서 일하다가 공간을 기획하는 일을 한다고 했다. '공간기획'이라니 그게 뭘하는 건지는 모르겠지만, 언뜻 듣기에도 그 녀석만큼이나 멋지게 느껴졌다. 어릴 적부터 글재주가 있었던 정재는 책도 만들고 건축 관련 워크숍, 지방 도시를 돌아다니며 도시개발, 도시재생 관련 컨설팅도 한다고 했다. 건축, 도시 분야에서는 꽤 알려진 모양이었다.

정재 아버지는 동네 상가에서 전파사를 했는데, 전파사가 있는 상가건물이 전면에 있었고 가운데에는 마당이 있었다. 그 마당을 가로질러 들어가면 안쪽에 주택이 있었다. 주택은 반지하와 지상 2층으로 되어 있어서 정재네가 2층에 살고 반지하와 1층은 세를 주었다. 정재네 집에 놀러 가면 늘 사람들로 붐볐다. 인심 좋으셨던 정재네 부모님은 세입자분들과도 식구처럼 지냈다. 종종 거실에 커다란 상을 펴놓고 다 함께 모여 식사를 했다. 정재는 30살에 독립할 때까지 부모님과 함께 살았는데, 집에 대한 추억이 많았다. 겨울이면 엄마와 장독을 묻고 여름이면 여동생과 같이 세를 살던 집의 아이들과 함께 마당에 커다란 고무 다라이에 물을 받아놓고 물놀이를 했다. 이갈이할 무렵에는 흔들리는 이빨을 실로 묶어 문고리에 걸어놓고 문을 여닫으며 이빨을 서로 빼주었다. 그리곤 옥상 굴뚝으로 빠진 이를 던지곤 했다. 그때는 모두가 나누며 함께 성장했다.

정재는 30살에 독립을 한 이후, 홍대, 합정동, 망원동, 연남동 같은 트렌디한 곳에서만 살았다. 2016년 사업을 시작한 이후, 줄곧 연희동에서 살고 있다. 몇 달 전 연희동 빌라를 두 채나 샀다. 위아래층을 한꺼번에 샀는데, 하나는 갭 투자를 해서 친구에게 세를 주었고, 하나는 본인이 살고 있다. 부모님이 어릴 적부터 임대를 통해 소득을 창출한 걸 보아왔고, 건축을 전공해서 주택의 자산적 가치는 익히 잘 알고 있었다. 앞으로도 사업을 하기 위해서 부동산을 통한 자산증식을 계속할 계획이라고 했다.

정재의 꿈은 연희동에서 지인들과 함께 모여서 사는 거라고 했다. 굳이 약속하지 않아도 동네를 오가다 마주치는 이들과 담소를 나누고 함께 밥을 먹고 커피를 마시는 그런 일상이 너무 좋다고 했다. 아마 자신은 부모님댁에서 보낸 어린 시절의 마당에 대한 추억이 컸기 때문이라고 했다. 그래서 아파트에는 절대로 살고 싶지 않다고 했다. 정재는 큰딸 남편의 친구 중 한 번도 아파트에 살아본 적이 없는, 아마 앞으로도 살지 않을 유일한 친구였다. 정재가 건축학과에 다닐 때도 같은 학번에서 아파트 거주 경험이 없던 유일무이한 학생이었다고 했다. 건축학과 교수님들도 무척 신기하게 생각하실 정도였다.

상수는 대학을 졸업하자마자 미국으로 유학을 떠났다. 박사학위를 마치고 얼마 지나지 않아 취직했다는 이야기를 들었다. 내심 상수가 부러웠다. 큰딸의 남편도 실은 한국을 벗어나고 싶은 욕망이 간절했다. 그래서 영어 공부도 얼마나 열심히 했는지 모른다. 대학교 때 외국인 기숙사에 운 좋게 들어가 외국인이나 교포 친구들과 지내면서 외국문화에도 익

숙해졌다. 하지만 홀로 계신 엄마를 두고 차마 떠날 수 없었다. 상수는 미국에서 결혼하고 아이도 둘이나 낳았다. 친구들은 상수가 미국에서 정착해서 잘사는가 보다 생각했다. 그런데 2014년 어느 날 귀국해 모교에서 교편을 잡았다. 상수는 시간이 지날수록 한국에 돌아오고 싶었다고 했다. 아이들이 태어나니 더 한국으로 돌아와 부모님 가까이에서 살고 싶었다고 했다.

상수는 학교 가까운 곳에 전셋집을 구했는데, 강북 뉴타운 재개발 사업지구 가운데 하나였다. 학교 다닐 때 빽빽이 있던 낡은 다세대 주택들은 온데간데없이 사라지고 반듯반듯한 새 아파트 단지가 들어서 있었다. 다행히 비슷비슷한 배경을 가진 사람들이 모여 사는 듯해서 안심되었다. 아주 잘사는 사람도, 아주 못사는 사람도 없는 것 같았다. 아이들 나이 또래도 비슷하고 깨끗한 단지 환경이 마음에 들었다. 그런데 2년마다 전세 보증금이 올라 전세 거주 4년 만에 반전세로 전환해야만 했다. 전세 재계약 때마다 스트레스가 점점 더 쌓여갔다. 이번엔 얼마를 더 올려달라고 할까. 집주인이 재계약을 안 하겠다고 하면 어떡하나. 그렇게 가슴 졸여야 했다. 주거비용이 좀 더 저렴한 서울 외곽으로 나가야 하나 와이프와 고민했지만, 아이들이 한국에 돌아와 처음으로 사귄 친구들과 학교 때문에 다른 곳으로 이사를 가고 싶지는 않았다. 안 그래도 미국에서 한국으로 돌아오며 겪은 변화 때문에 아이들에 대한 걱정이 이만저만이 아니었다. 비단 언어만의 문제가 아니었다. 새로운 문화에 대한 적응은 생각보다 오래 걸렸다. 아이들이 어리니 괜찮겠지 했지만, 예민한 큰아이는 아직도 미국에서의 생활을 이야기하곤 했다.

상수는 처음으로 집을 소유해야겠다고 생각했다. 마치 자기가 인생에서 다음 단계로 넘어가지 못하는 실패자 같은 패배감에 쌓였다고 했다. 주택의 자산적 가치는 뒤로하더라도 하루빨리 지옥 같은 주거 불안정에서 벗어나고 싶었다. 한국에서 집은 꼭 소유해야 하는 거였다. 부모님께 도움을 청하고 싶지는 않았지만, 어쩔 수 없었다. 은행에서 주택담보대출을 최대한으로 받아도 집을 사기엔 부족했다. 주택가격의 20%에 해당하는 보증금만 있으면, 일정한 수입이 보장되는 한 주택담보대출이 가능한 미국과 금융 시스템이 많이 달라서 무척 당황스러웠다. 주택담보대출 기간이 보통 30년인 미국에서는 매달 조금씩 월급에서 갚아나가기만 하면 되기 때문에 내 형편에 맞추어 집을 장만하면 되는 거였다. 하지만 한국에서는 여전히 가족의 도움 없이는 주택을 구입할 수 없다는 걸 뼈저리게 느꼈다. 2019년 봄 같은 아파트 단지에 드디어 '내 집'을 마련했다. '내 집'이 주는 안정감은 기대 이상이었다. 인생에서 커다란 숙제를 끝낸 느낌이었다. 더는 이사를 가지 않아도 된다는 사실만으로 아빠로서 해야 할 일을 했다는 뿌듯함 같은 것이 밀려왔다.

신문사에 다니는 태현이는 일찍부터 주택의 자산적 가치에 눈떠 30대 초반에 암사동의 재건축 아파트를 샀다. 재건축이 끝났지만, 입주할 경제적 여유는 아직 없어서 계속 전세를 준다고 했다. 아직 결혼 전이었고, 부모님과 같이 생활해서 빠듯한 월급쟁이 생활을 하면서 가능했던 일이었다. 매달 받는 월급의 대부분을 주택 마련에 쏟아부어야 했지만, 후회는 없다고 했다. 그렇게라도 하지 않으면, 자기 같은 월급쟁이가 어떻게 서울에 주택을 마련할 수 있겠냐고 했다. 부동산에 전혀 관심이 없어 보였던 태현이가 그렇게 일찍 주택을 장만했다는 이야기에 모두가 놀라는 눈치였다.

태현이는 부동산에 빠꼼이였던 큰이모 덕분에 주택의 자산적 가치에 일찍 눈떴다고 했다. 외가 쪽 친척들은 대부분 큰이모를 따라 일찍 강남의 아파트에 투자해 재테크에 성공했다고 한다. 큰이모는 1970년대 중반에 압구정동 현대아파트를 샀고, 계속해서 잠실의 아파트에 투자해서 임대수익으로 편안한 노년을 보내신다고 했다. 태현이 부모님도 큰이모의 권유로 잠실의 작은 아파트를 소유해 전세를 주고 있다고 했다. 학교 선생님이셨던 자신의 부모님들은 아마 큰이모가 아니셨으면, 지금까지 성북동의 단독주택에서 쭉 살았을 거라고 했다.

주택은 그에게 '삶의 바탕'이기 때문에, 자신이 하고 싶은 일을 할 수 있는 터전은 마련된 셈이라고 했다. 자신은 큰이모처럼 부동산 투자를 해서 수익을 창출할 생각은 전혀 없다고 했다. 하루라도 빨리 집을 한 채 마련하는 게 목표였다고 했다. 그래서 솔직히 주택가격이 오르면 좋겠다고들 하지만, 그 집을 팔지 않는 한 나에게 주어지는 경제적 혜택은 전혀 없고 내야 할 세금만 올라간다고 했다. 제발 주택시장이 안정화돼서 세금 좀 덜 냈으면 좋겠다는 말에 다들 박장대소했다. 집을 소유했건 소유하지 못했건 간에, 어떤 이유로든 모두가 주택시장이 안정화되기를 바라는 거다.

제주도에 내려가 사는 승규가 마침 서울에 올라와서 함께 자리를 했다. 승규의 제주살이를 모두 부러워하고 있었다. 승규 부모님은 전라도에서 1960년대에 서울로 올라오셔서 세운상가에서 사업을 꽤 성공적으로 했다. 승규는 부모님께서 물려주신 상가건물이 강남에 있어서 경제적으로 여유 있는 편이었지만, 늘 검소했다. 와이프도 동시통역사로 일했고 본인도 대기업에 다녀 동창 중 가장 경제적으로 여유가 있었지만, 한 번도 티를 낸 적이 없었다. 결혼한 뒤에도 부암동, 성산동, 구기동 같은 강북 지역의 빌라에서 전세를 살다가 2016년 제주도로 발령이 나서 내려갔다. 승규는 아이가 없어서인지, 한 곳에 정착해서 살고 싶은 마음은 없다고 했다. 아직도 이곳저곳에 머물며 지역을 경험하고 싶다고 했다. 승규가 갖고 있는 노후에 대한 걱정은 다른 친구들과 사뭇 달랐다. 모두 노후에 대한 대책으로 주택을 마련하는 거라고 했지만, 자신은 오히려 나이가 들어서 함께 생각을 나눌 친구들이나 하고 싶은, 혹은 자신이 할 수 있는 일이 없으면 어떡하나 걱정된다고 했다. 승규도 서울의 미친 집값을 확인할 때마다 다시 서울로 돌아오면 어떻게 집을 구하나 막막하기도 하지만 미리 걱정하고 싶지는 않다고 했다.

내년에는 와이프와 주택을 꼭 마련해야겠다고 결심한 큰딸 남편은 승규의 여유가 몹시 부러웠다. 승규의 여유는 제주살이에서 오는 것인지. 서울살이에 지친 그는 하루라도 빨리 내 집을 마련하고 싶은 조급한 마음뿐이었다. 친한 동창 중 집이 없는 건 자신뿐이었다. 승규는 부모님이 주신 건물이 있지 않은가. 승규의 여유는 제주살이에서 오는 것이 아니라 부모님이 물려주신 강남의 상가건물에서 오는 거라는 생각이 들었다. 그는 왜 장모님 이야기에 좀 더 귀 기울이지 않았는지 후회가 됐다. 2010년 장모님 말씀대로 강남의 낡은 아파트를 샀어야 했다.

큰딸이 정원이를 만나, 그녀의 엄마에 뒤이어 집은 '사는 것', '사야 하는 것'이라는 주입식 교육을 받은 뒤, 대학교 동창인 현주를 만났다. 현주는 약 5년 전에 갭 투자를 통해 대치동에 아파트를 장만했다. 경제적 형편상 현재는 대치동에 거주할 수 없지만, 최소한 아이가 중학교에 들어갈 무렵에는 대치동 아파트로 입주할 계획이라고 했다. 현주를 만나자마자 큰딸은 집 이야기부터 했다.

지방에서 올라온 현주는 일찍부터 자취생활을 하며 독립적인 생활을 했다. 대학을 졸업한 뒤에는 오빠와 함께 직장 근처인 강남구 삼성동의 20평형 빌라를 전세 얻어 생활했다. 사실 처음엔 강남의 전셋값이 부담스러워 강남과 가까운 강북 지역의 전셋값을 알아보았다. 그런데 강남과 강북의 전셋값 차이가 2,000만 원에서 3,000만 원이라면 거주공간의 쾌적성이나 출퇴근 거리, 거주 지역의 치안 등의 면에서 강남 지역에 있는 것이 훨씬 낫다고 생각해 강남 지역에 거주하기로 했다.

2009년, 큰딸보다 1년 정도 먼저 결혼한 현주는 강남구 삼성동 아파트에서 반전세(보증금 1억 2,000만 원, 월세 120만 원)로 신혼생활을 시작했다. 남편과 현주 모두 전문직에 종사하고 있어서 월세가 아주 부담스럽지는 않았다. 그런데 4년쯤 지나자, 집주인이 월세를 150만 원으로 인상하려고 했고 시간이 지나자 그 비용이 점점 더 아까운 생각이 들었다. 전세보증금이야 이사할 때 돌려받을 수 있지만, 월세는 매달 그냥 나가버리는 지출 비용이었다. 이렇게 해서는 도저히 돈을 모을 수 없겠다는 생각이 들었다.

청담동의 조금 낡은 아파트를 알아보니 삼성동의 아파트보다 가격이 저렴했다. 보증금 2억에 월세 80만 원의 반전세 아파트로 이사를 했다. 청담동의 아파트에서 2년 정도 살다가 아이를 출산했는데, 집주인이 월세 인상(100만 원)을 요구했다. 인상된 월세 비용에 상주하는 베이비시터 비용(100~120만 원)까지 합치니 경제적으로 도저히 감당되지 않았다. 원래 살던 아파트 단지 가까이에 전세매물(5억 3,000만 원)이 있어서 조금 무리해서 이사를 했다. 다행히 둘 다 안정적인 직장이 있어서 은행 대출이 어렵지는 않았다.

결혼 이후 2년마다 인상되는 전월세 재계약으로 인한 스트레스는 점점 더 심해졌다. 집주인이 요구하는 인상 비용을 마련하거나 다른 곳으로 이사를 해야 했다. 이렇게 해서는 도저히 아이를 안정적으로 교육시킬 수 없겠다는 생각이 들었다. 아이의 교육을 위해 남편과 강남구 대치동에 아파트를 사기로 결정하고 2014년부터 본격적으로 아파트 매매를 알아보기 시작했다. 더 이상 쫓겨다니듯이 살고 싶지 않았다. 우선은 아파트를 매입해서 거주할 형편이 되지 않으니 갭 투자를 해서라도 아파트를 장만하기로 했다. 남편과 둘이 앉아서 계산기를 두드려보니 대치동의 H아파트 30평형의 경우, 2억 1,000만 원＋5,000만 원(세금, 중개수수료)만 있으면 되는 거였다.

현주는 남편과 함께 약 1년 6개월 동안 미친 듯이 아파트를 찾았다. 사무실에서 근무하는 시간을 제외하고는 늘 부동산 관련 사이트를 열어두고 있었다. 주말에는 어김없이 대치동에 매물로 나온 아파트를 보러 다녔다. 지금이 아니면 도저히 강남에 아파트를 살 수 없다는 생각이 들었다. 강남의 아파트

약 1년 6개월 동안 미친 듯이 아파트를 찾았다. 2015년 드디어 역세권에서 조금 벗어나지만, 원하는 대부분 조건을 만족시키는 아파트(매매가 11억 3,000만 원, 전세가 9억 1,000만 원)를 매입할 수 있었다. '영끌'해서 산 아파트였다. 그동안 아껴 모은 돈과 부모님, 그리고 은행 대출까지 전부 끌어모아 아파트를 장만했다. 2020년 현재 그 아파트의 매매 가격은 23억 원 정도다. 5년 만에 11억 7,000만 원이 올랐다.

가격은 눈만 뜨면 오르는 거였다. 2015년 드디어 역세권에서 조금 벗어나지만, 현주와 남편이 원하는 대부분 조건을 만족시키는 아파트(매매가 11억 3,000만 원, 전세가 9억 1,000만원)를 매입할 수 있었다. 요즘 표현대로 '영끌'해서 산 아파트였다. 그동안 두 부부가 아껴 모은 돈과 부모님, 그리고 은행 대출까지 전부 끌어모아 아파트를 장만했다. 2020년 현재 그 아파트의 매매가격은 23억 원 정도다. 5년 만에 11억 7,000만 원이 올랐다.

"지금은 현금을 집안에 쌓아놓고 있지 않는 이상, 비강남권이 강남에 진입할 수 있는 가능성은 0%에 가깝지 않니? 내가 만약 그때[2015년] 아파트를 안 샀더라면, 요즘 같은 때 전셋집을 구하느라 얼마나 발을 동동 굴렀겠어. 생각도 하고 싶지 않아."

대치동의 아파트 가격은 지난 5년 동안 평균 10억 원이 올랐다. 게다가 최근 들어 전세 품귀 현상까지 생겨 전셋값이 지속해서 상승하고 있다. 2015년 9억 1,000만 원이었던 전세보증금은 현재 13억까지 올랐다. 신문과 방송에서는 다시 강남의 '똘똘한 한 채'로 갈아타려는 수요가 몰리고 있다는 내용이 연일 보도되고 있다. 현주의 이야기를 들으면서 큰딸은 얼마 전 사무실 직원이 '강남 아파트는 돈을 찍어내는 기계'라고 한 이야기가 떠올랐다. 정말 그랬다. 어떻게 5년 만에 10억이라는 돈을 모을 수 있단 말인가. 평범한 직장인은 1년에 1,000만 원을 모으기도 어려운 것이 현실이다.

현주도 가파르게 오르는 강남의 아파트 가격이 이해되지 않고, 정상은 아니라고 생각한다고 했다. 하지만 2015년 강남에 아파트를 장만하고 나니 마치 인생에서 큰 숙제를 마친 것처럼 홀가분하다고 했다고 이야기했다. 2014년부터 얼마나 초조했는지 모른다고 했다.

문득 큰딸은 현주에게 '강남'은 어떤 의미일지 궁금해졌다. 비수도권, 비강남권 거주자에게 강남은 도대체 무엇일까? 왜 그토록 강남의 아파트를 사고 싶었던 걸까?

강남에 대한 현주의 생각이 매우 흥미로웠다. 현주에게 강남은 '자유로운 공간'이라고 했다. 뜻밖에 그녀는 강남에는 여러모로 잘난 사람들이 많아서 자신의 존재가 특별히 튀지 않고 조용히 묻혀 지낼 수 있어서 좋다고 했다. 어린 시절, 지방의 소도시에서 받았던 지나친 관심과 간섭이 그녀에게는 큰 부담이었다고 했다. 지방의 국립대학에 진학할 것을 부모님과 학교에서 권유했지만, 오빠와 본인은 꼭 서울로 올라오고 싶었다고 했다. 친척들과 동네 어르신들의 감시(?)의 눈에서 벗어나고 싶었다고 했다.

그녀는 물론 강남에 살면 기본 생활비가 많이 들어서 부담스러운 부분이 많지만, 이 비용은 자신과 자신의 가족들이 강남이라는 지역에 거주하면서 알게 모르게 누리는 부분에 대한 소요비용이라고 생각한다고 했다. 강남이라는 지역에 사는 덕분에 차로 30분 이내에 공원이며, 산, 쇼핑할 곳이 다 있어서 맞벌이 부부의 바쁜 주말을 효율적으로 사용할 수 있다고 했다. 자신의 고향 친구들도 기차를 타고 서울로 올라와 늘 현주네 집 근처에서 모임을 한다고 했다. 고향 친구들은 현주 덕분에 1년에 한두 번이지만, 텔레비전에서만 보던 강남의 거리를 구경할 수 있어서 좋다고 했다. 마치 10대로 돌아간 것처럼 친구들과 깔깔거리며 걸어 다닌다고 했다. 현주는 꼭 필요한 것이 아니면 지출하지 않았다. 옷도 늘 수수하게 입고 아이와 가족들이 먹는 식재료와 아이의 교육에만 지출하고 나머지는 모두 은행에 저금한다고 했다. 아이의 사교육도 꼭 필요하다고 생각되지 않으면 시키지 않는다고 했다. 강남에 살지만, 나의 소신을 갖고 살아가는 것이 중요하다고 했다.

"얼른 돈 모아야 대치동에 있는 '우리 집'으로 들어가지. 아이가 중학교 들어가기 전에는 이사 가고 싶어. 그날만 손꼽아 기다리는걸. 너도 얼른 집 장만해. 무겁게 어깨를 짓누르던 무언가에서 벗어난, 그 홀가분한 기분이란! 너도 네 집이 생기면 내가 무슨 이야기를 하는지 이해가 갈 거야."

큰딸은 엄마가 집은 꼭 사야 한다고 귀에 못이 박히도록 이야기한 것이 떠올랐다. 엄마 말대로 2010년, 그때 아파트를 샀어야 했다.

전세 재계약에 대한 한숨으로 시작된 2020년은 코로나19 바이러스와 미친 듯이 오르는 전세가와 매매가에 대한 이야기로 연일 신문과 뉴스에서 시끄러웠다. '서민이 안심하고 사는 주거환경'을 조성하겠다고 약속한 정부는 집값 폭등과 전월세난을 잡겠다고 그동안 20개도 넘는 부동산 관련 정책을 지속해서 발표했다. 아이러니하게도 정부가 대책안을 발표할 때마다 상황은 오히려 악화되는 듯했다. 오죽하면 그냥 아무것도 하지 말고 가만히 있으면 더 좋겠다는 말까지 나왔을까.

2020년 10월 경제정의실천시민연합에서 발표한 자료에 따르면, 2017년 현 정부가 들어선 이후, 지난 3년 동안 국민은

서울 아파트 평균 전셋값

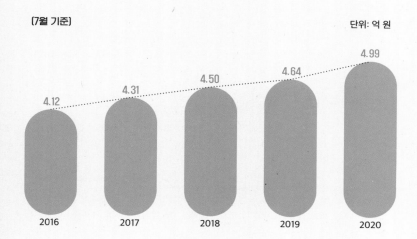

[7월 기준]   단위: 억 원

4.12   4.31   4.50   4.64   4.99

2016   2017   2018   2019   2020

출처: 《매일경제》, 2020년 8월 13일.

엄마 말대로 그때 아파트를 샀어야 했다

서울 아파트 매매, 전셋값 동향(상승률)

단위: %

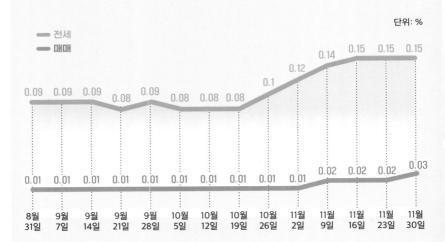

━━ 전세
━━ 매매

전세: 0.09 0.09 0.09 0.08 0.09 0.08 0.08 0.08 0.1 0.12 0.14 0.15 0.15 0.15

매매: 0.01 0.01 0.01 0.01 0.01 0.01 0.01 0.01 0.01 0.01 0.02 0.02 0.02 0.03

| 8월 31일 | 9월 7일 | 9월 14일 | 9월 21일 | 9월 28일 | 10월 5일 | 10월 12일 | 10월 19일 | 10월 26일 | 11월 2일 | 11월 9일 | 11월 16일 | 11월 23일 | 11월 30일 |

출처: 한국감정원.

행 통계 기준 서울의 평균 아파트값은 52%, 집값은 34% 상승했다. 전셋값도 마찬가지였다. 2020년 7월 서울 아파트 평균 전셋값은 약 5억 원(4억 9,922만 원)으로 2017년 5월(4억 2,619만 원)보다 7,303만 원으로 3년 만에 약 17.1% 상승했다. 강남 지역의 아파트 전셋값은 같은 기간에 1억 원 정도 상승해 서울 아파트 평균 전셋값보다 약 3,000만 원 정도 더 많이 올랐다.

전월세 시장에서 세입자를 보호하기 위해 시작된 '주택임대차보호법 개정안'(2020. 7. 30)은 오히려 전세 품귀 현상으로 이어졌다. 주택임대차보호법 개정안에 따르면, 임차인이 희망하는 경우 1회 계약갱신을 청구할 수 있고(계약갱신 청구원) 임대료 인상 상한율은 5%(전월세 상한제)로 제한된다. 주택임대차보호법 개정안 시행 이후, 서울의 전세매물은 한 달 만에 15.7%나 감소했다.(정지성·송민근, 2020)

서울의 아파트 전세수급 동향을 살펴보면, 2020년 1월부터 4월 사이에는 100선을 유지하다가 6월부터 110선을 넘어서고 주택임대차보호법이 시행된 8월에는 120으로 올라가 11월에는 130선을 넘었다. 이는 한국감정원이 2012년 통계 집계를 시작한 이후 가장 높은 수치다. 전세수급지수는 전세의 공급 부족 정도를 나타내는 지표로 수치가 높을수록 전세 공급 부족을 나타내고 낮을수록 수요 부족을 뜻한다.

수도권 아파트 매매, 전셋값 동향(상승률)

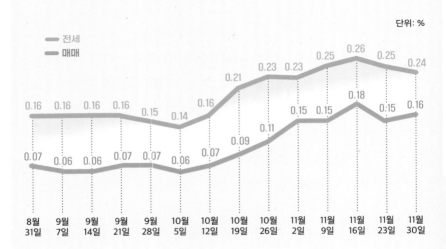

단위: %

전세
매매

전세: 0.16 0.16 0.16 0.16 0.15 0.14 0.16 0.21 0.23 0.23 0.25 0.26 0.25 0.24

매매: 0.07 0.06 0.06 0.07 0.07 0.06 0.07 0.09 0.11 0.15 0.15 0.18 0.15 0.16

8월 31일 / 9월 7일 / 9월 14일 / 9월 21일 / 9월 28일 / 10월 5일 / 10월 12일 / 10월 19일 / 10월 26일 / 11월 2일 / 11월 9일 / 11월 16일 / 11월 23일 / 11월 30일

출처: 한국감정원(2020년).

큰딸 이야기

더구나 서울 아파트 전셋값은 매주 연속 상승세를 이어가고 있었다. 한국감정원의 자료는 주택임대차보호법 개정안 시행 이후, 매주 연속 상승세를 이어가는 서울 아파트 전셋값을 보여주었다. 서울에서 전세를 찾지 못한 수요자들은 서울 외곽지역으로 이동하면서 수원, 용인 등 수도권 지역의 전세도 동반 상승하고 있었다.

2020년 11월 19일, 갈수록 심각해져가는 전세난을 해결하기 위해 정부가 내놓은 24번째 부동산 대책은 공공임대 물량의 확대였다. 향후 2년 동안 전국에 공공임대 11만 4,100가구를 공급할 계획을 발표했다. 전체 공급량의 40%(4만 9,000가구)는 우선 공급하고 현재 공실인 공공임대(3만 9,000호)를 전세로 전환해 올 연말까지 입주자를 모집할 계획이라고 했다.

무주택자라면 소득 수준에 상관없이 모두가 입주 가능하다는 건 반가운 일이지만, 큰딸의 주변에서는 아무도 선뜻 공공임대주택에 들어가고 싶다고 이야기하는 이가 없었다. 우리 사회에서 공공임대주택 공급이 제대로 이루어지기 시작한 것은 국가부도의 위기를 겪었던 1997년이었다. 정부를 대신해서 사회복지를 제공했던 기업의 부도로 하루아침에 맨 바닥에 내몰린 국민들을 정부는 더 이상 외면할 수 없었다. 그뿐만 아니라 IMF는 구제금융지원의 조건 가운데 하나로 공공임대주택 확대를 포함한 사회 안전망 구축을 요구했다. 처음으로 경제정책이 아닌 사회복지 정책이 정부의 주된 이슈로 떠올랐다. 국가부도의 위기는 사회복지 시스템을 구축하는 기회가 되었지만, 공공임대주택에 대한 사회적인 인식의 전환은 이루어지지 않은 듯했다.

제2차 세계대전 이후, 복지국가를 추구하며 공공임대주택 공급을 가장 많이 확대했던 영국(전체 주택 재고의 30%)을 포함한 유럽의 여러 국가에서도 공공임대주택에 대한 스티그마stigma는 여전히 존재하고 있었다. 사회계층social class의 구분에 대해 서슴지 않고 이야기하는 영국사회에서 공공임대주택은 저소득층 혹은 무소득층을 위한 주거공간이었다. 물론 처음 공공임대주택을 공급할 당시에는 중산층이 거주했으나, 시간이 흐름에 따라 이들은 민간주택으로 빠져나가 저소득층만 남게 되었다. 유럽 국가들의 공공과 민간임대의 중간 형태인 사회주택Social Housing으로 전환은 공공임대주택의 관리뿐만 아니라 점점 더 심각해져가는 그 지역에 거주하는 거주자들의 사회적, 경제적 고립Social and economic exclusion의 문제를 해결하기 위한 노력이었다. 사회주택 역시 마찬가지였다. 주택보조금Housing benefit에 의존하거나 민간임대시장보다 저렴한 임대료를 지불할 수 있는 계층을 위한 주거공

공공임대주택을 빈곤이 가장 집중된 지역 — 'The last resort' — 으로 간주하는 미국의 경우, 1980년대 이후부터 전체 주택 재고량의 3%도 되지 않는 공공임대주택의 재고를 지속해서 감소시키고 있었다. 사회로부터 외면당하고 버려진 공공임대주택단지는 민간(임대와 소유)과 공공임대가 혼합된 형태의 소셜믹스Social-mix의 형태로 바꾸어 재개발되고 있다. 유럽의 국가들과 마찬가지로 저소득층의 사회적, 경제적 고립을 막기 위한 노력이다.

유난히 주택의 소유를 통한 주택의 자산적 가치에 집착하는 우리 사회의 특성상 공공임대주택에 대한 시선이 고울 리 없다. 주택은 곧 자신의 노후를 책임져주는 '연금' 혹은 '복지'의 형태로 자리매김하게 되었기 때문이다. 우리나라뿐만 아니라 사회복지 시스템이 제대로 발전하지 못했던 아시아 국가에서는 주택을 기반으로 한 복지 시스템 'Housing-based welfare system'이 발전하게 되었다. 더구나 정부로부터 한 번도 제대로 보호받아 보지 못한 국민의 입장에서는 정부보다는 '나' 자신을 믿고 싶은 거다. 복지에 대한 '권리'보다 '책임'을 강요받았던 우리의 지난 시간을 돌아보면 당연한 태도인지도 모른다고 생각했다. 그녀의 엄마가 귀에 못이 박이도록 들려준 '셋방살이'의 설움이 아직도, 여전히, 존재하는 거다. 억울하면 출세하는 게 아니라 하루빨리 '내 집을 마련'해야 하는 거다.

지금 우리 사회에서 벌어지는 전세난의 근본적 원인이 단순히 전세주택 재고량의 부족에 있는 것일까? '로또 청약'으로 불리는 현재의 분양제도에 몰리는 청약 대기 수요자들을 마치 부동산 투기를 통해 한몫보려는 '복부인'으로 몰아세울 수만은 없다. 더구나 로또 청약에 몰리는 대부분은 베이비부머와는 다른 행보를 보일 것으로 예상되었던, 그들의 자녀세대 밀레니얼들이다. 이들이 원하는 게 정말 공공임대주택일까?

정부의 정책이 아무리 옳은 방향을 보고 있더라도 사회적 합의가 이루어지지 않으면 앞으로 나아가기 어렵다.

참고문헌

정지성·송민근, 「집값 올 33% 뛴 세종시, 주담대 증가율도 1위」, 《매일경제》, 2020년 8월 20일.

주택의 소유를 통한 주택의 자산적 가치에 집착하는 우리 사회에서 공공임대주택에 대한 시선이 고울 리 없다. 주택은 곧 자신의 노후를 책임져주는 '연금' 혹은 '복지'의 형태로 자리매김하게 되었기 때문이다.(공공임대주택은 자산이 아니다.) 정부로부터 한 번도 제대로 보호받아 보지 못한 국민의 입장에서는 정부보다는 '나' 자신을 믿고 싶은 거다. 복지에 대한 '권리'보다 '책임'을 강요받았던 우리의 지난 시간을 돌아보면 당연한 태도인지도 모른다.

Chapter 03

우리에게 집이란?
'아파트'와 '강남'에 대한
약간 진지한 수다

1.
'잘살고' 싶은
욕망

인간이 가진 가장 원초적인 욕망은 생존욕망이다. 그냥 '평범한' 생존이 아니라 '잘살고' 싶은 생존욕망이다. 한국사회에서 '집'과 관련해서 나타나는 많은 일은 우리가 이 시대를 살아가면서 자신의 욕망을 스스로 자각하지 못한 데서 시작된다. 한국사회는 우리가 생각하는 것보다 객관화되어 있지 않다. 욕망의 객관화 중에 가장 중요한 건 욕망을 아는 것과 동시에 어떻게 욕망을 구현하느냐의 문제다. 욕망의 성격이 포스트자본주의, 산업주의, 금융주의 등의 이유로 많이 달라진 거 같은데…….

경신원: 과거 한국사회에서는 물질적 욕망이 분출되는 것을 몹시 싫어했지만, 지금은 오히려 욕망을 찾아 쫓아다니는 거

같아요. 부동산 관련 유명 유튜브 강사를 따라 아파트 단지 이곳저곳을 떼로 몰려다니는 걸 부끄러워하지 않더라고요. 물질적 욕망을 억누르던 도덕적 관념이 사라지면서 천박한 자본주의가 팽배해졌다고 봐요. 과거에는 유명 브랜드 옷이나 가방으로 자신을 드러내려고 했지만, 지금은 자신의 집이 어디에 있는지, 그 집이 자신의 소유인지를 두고 자신의 가치를 과시하려고 하죠. 강남은 사람들이 가진 이러한 욕망이 만들어낸 허구적 존재라고 할 수 있죠.

수다쟁이: 한국사회가 포스트자본주의로 넘어가면서 그전에 이야기되지 않았던 물질욕이 굉장히 중요하다는 사실을 온몸으로 절실히 느끼기 시작한 거죠. 물질욕은 가장 분명한 데서 나타나는데, 특히 금융적 가치에서 나타납니다. 물질욕의 바탕은 과거에는 농지, 땅이었지만 지금은 '집'이 되었어요. 급속도로 진행된 도시화와 관련이 있다고 할 수 있어요. 도시 안에서는 농사를 지을 수 없으니까. 과시적 욕망이란게 옛날에는 초월욕이나 종교일 수 있었고 인륜욕처럼 내가 누구인지 누구의 자식인지 중요했지요. 물질은 천박하다고 생각했어요. 그런데 지금은 어느 정도 물질적 가치가 있어야 그것을 기반으로 자신을 과시할 수 있는 판이 만들어지는 것이죠.

'아파트'와 '강남'에 대한 약간 진지한 수다

경신원: 요즘은 오히려 직장이 없는 게 더 멋있다고 생각해요. 일하지 않아도 될 만큼 경제적 여유가 있다는 거니까. "나는 내가 하고 싶은 것만 해!"라고 말하는 건 결국, 나는 먹고살기 위해서 하고 싶지 않은 노동을 굳이 하지 않아도 된다는 뜻이잖아요. 예전에는 노동에 대한 가치의식이 있었지만, 지금은 40대 은퇴가 모두의 로망이 되었어요.

수다쟁이: 그래서 젊은 친구 사이에서 가장 먼저 달성해야 할 게 '집'이 된 거예요. 1990년대 초반, 우리 고모는 자기 집에 세 들어 사는 사람이 집도 없으면서 차가 있다고 그 사람을 비웃었어요. 예전에는 사람들이 차나 명품으로 자신의 부를 과시했지만, 지금은 무조건 집인 거죠. 지금은 집이 있는데 차가 없으면 오히려 더 멋있다고 생각해요. 환경을 생각해서 대중교통을 이용하는 생각 있는 사람으로 여겨지기도 하죠. 이런 판이 얼마나 갈지 모르겠지만, 최근 몇 년 동안엔 그 판이 만들어지는 상황입니다. 그래서 젊은 친구들이 집이 없다는 불안감과 상실감에 무모하게 빚을 내서 집을 사요. 비트코인이나 주식시장에 뛰어드는 것도 결국 집을 사기 위한 거라고 봐요. 목돈이 모이면 다들 부동산으로 옮겨갈 생각들을 하죠. 나(1975년생) 때는 결혼하고 애를 갖고 집을 샀지만, 지금은 집이 있어야 결혼도 하고 애도 가질 수도 있어요. 순서가 완전히 뒤바뀐 거죠. 그러니까 이미 집을 갖춘 사람은

그것과 상관없이 여유 있게 정신 차리고 미래를 준비하지만 없는 사람은 항상 불안하죠.

나는 그래서 우리 사회의 미래가 걱정됩니다. 국가경쟁력이란 건 현재 세대들의 미래성을 이야기하는 거잖아요. 지금 한국사회는 집이 없으면 아무것도 할 수 없는 상태가 되어버렸어요. 사람들이 집에 미쳐 돌아가고 있으면 국가경쟁력이 하락할 게 뻔하니까 정부가 뭐라도 하긴 해야 하는데, 제대로 된 게 하나도 없는 거죠. 그러니 집이 없는 사람들은 정부에 대해 거세게 항의하고, 집을 갖고 있던 사람들은 별생각 없이 지냈는데 규제와 비난을 당하니 마찬가지로 불만을 가질 수밖에 없는 복잡한 상황이 되었어요.

그래도 나는 이 모든 걸 과정이라고 생각해요. 서구의 도시들은 오랜 시간 쌓아놓은 자료가 있어서 그것을 밑바탕으로 어떤 방법을 찾을 수 있잖아요. 하지만 우리는 이런 상황이 처음이고, 그래서 미숙할 수밖에 없다고 봐요. 문재인 정부가 내놓았던 주택정책이 비난받을 수밖에 없지만, 지금 상황은 반드시 겪어야 할 과정이라고 생각합니다. 노무현, 이명박, 박근혜 정부도 모두 세계적 경제상황에서 금융위기가 오면 집값이 폭락하고 잘되면 폭등했기 때문에 사실 정부가 통제하기 어려운 부분이 있어요. 그러니까 패러다임의 전환이 일어나야 하는데, 이런 전환은 결국 시행착오에서 오기 때문입니다. 지금 당장은 많은 저항과 문제가 있고 제대로 해결되지 않을 것 같아요. 하지만 앞으로 살아갈 미래세대에게는 이 경험이 굉장히 소중한 자산이 될 수 있을 것입니다.

경신원: 우리나라는 서구의 국가들과 달리 국가 주도의 독특한 주택정책을 펼쳐왔어요. 경제발전이 가장 우선시되었기 때문에 우리나라 정부는 주거권에 대한 관심이 별로 없었어요. 경제발전이 이루어지면 자연스럽게 주거와 관련한 문제가 해결되리라고 생각했던 거죠. 정부는 주택공급 계획수립 과정에만 관여하고 개발이나 소비과정은 모두 시장에 맡겨버렸습니다. 그렇기 때문에 주택시장에서 정부의 절대적 도움 없이 혼자서 일어설 수 없는 계층에 대한 보호조차 이루어지지 않았어요. 이러한 계층에 대한 관심은 1990년대 말 국가부도의 위기를 겪으면서부터 겨우 시작되었어요. 우리나라 사람들의 집에 대한 지나칠 만큼의 맹신은 어찌 보면 당연한 일입니다. 정부에게 보호받은 적도 없고, 바랄 것도 별로 없으니까 집이 나의 유일한 은퇴자금이 된 거죠. 이런 패러다임이 바뀌는 건 굉장히 어렵다고 생각해요. 자가소유를 위해 영끌까지 하는 젊은 친구들에게 느닷없이 공공임대주택에 거주하라는 건 너무 어이없다고 봐요. 그 친구들이 원하는 건 거주공간이 아니라 내가 소유한 '내 집'이거든요. 그 것도 이왕이면 수도권, 능력이 되면 강남 근처로. 공공임대주택에 대한 스티그마는 여전히 존재해요. 물질적 욕구가 점

점 팽배해지는 상황에서 가장 기본이 되는 자가소유를 포기할 사람 아무도 없어요. 집에 대한 욕망은 앞으로 점점 더 커질 거예요. 코로나19 위기를 겪으면서 사람들은 점점 더 정부를 신뢰하지 못하게 되었어요. 결국 나를 보호해주는 건 나밖에 없다고 생각하는 거죠.

수다쟁이: 주식과 코인의 가장 큰 문제는 외부효과에 의해 움직이는 걸 내가 어떻게 할 수 없다는 거잖아요. 집도 마찬가지예요. 이준석 효과가 나온 걸 보면 이미 세대교체가 이루어지기 시작하는데, 50~60대 세대는 150만 명씩 태어나던 세대입니다. 지금 이준석 세대는 40~50만 명씩 태어난 세대입니다. 인구분포 차이가 너무 다릅니다. 그나마 매칭되는 건 여긴 다인가족이 많고 여긴 1인가족이 많으니 수량은 어느 정도 대칭이 된다고 봅니다. 가족에 대한 개념, 가구에 대한 개념이 바뀌고 1인 가구가 25% 정도가 되고, 주거 개념도 바뀌는 상황에서 지금의 집값이 어떤 식으로 흘러갈지는 결국 외부효과에 따라 변동된다고 봅니다. 그래서 정부가 뭔가를 해야 하는데…….

경신원: 나는 정부의 규제중심의 대응이 오히려 주택시장을 교란했다고 생각해요. 예를 들면, 주택임대차보호법 개정안 시행 이후, 집주인이 세입자를 내보내려고 1억을 주었다는

기사를 봤어요. 그렇기 때문에 정부가 예측하지 못했던 일들이 일어나는 거예요. 그런데 정부는 대책을 마련하는 게 아니라 오히려 끌려다니는 느낌이에요.

수다쟁이: 정부가 근시안적으로 대출을 규제하고 단기적 시장효과를 보려고 하는 게 문제예요. 현 정부는 뭘 어떻게 해야 할지를 모르고 우왕좌왕하는 게 보여요. 강남이 너무 집중화되니 강남을 분산시킨다면서, 강남과 교통을 연결해 제2, 제3의 강남을 만든다는 거예요. 강남을 중심으로 계속 신도시가 연결되니 강남만 좋아지는 거죠. 강남은 가만히 있어도 대한민국의 어느 동네와도 다 연결돼요.

경신원: 정부는 서울의 인구 분산과 주택 문제를 해결하기 위해 신도시 개발계획을 발표해요. 그런데 신도시 개발계획만 수립하고 나머지는 다 민간개발업자들에게 맡기죠. 그러니 신도시의 주택을 비싼 가격에 팔아 이익을 남겨야 하는 민간개발업자들 입장에서는 어떻게든 강남과 연결하려고 해요.

2.
강남이라는
허구적 존재

우리 사회의 경우 도시와 자본주의의 맛을 본질적으로 느끼기 시작한 건 1970년대부터다. 강남이라는 특별한 도시를 인공적으로 만드는데, 강북의 오래된 부자가 아닌 신흥 엘리트 세력이 단독주택이 아닌 아파트로 들어왔다. 계급이나 계층은 어떤 사회 간격에도 불과하고 안정되면 고착화한다. 순기능은 넓은 의미에 사회적 안정성이 생긴다. 그때도 중요한 건 중간계층들이 얼마나 긍정적인 삶의 만족도를 갖고 위와 아래층에 좋은 교량적 순기능 역할을 해주는가다. 이 문제와 연결해서 다른 하나는 한국 사람이 돈이 얼마나 귀한지 너무나 알면서도 돈의 사회적 성격, 공공적 성격에 대한 입체감이 덜하다는 점이다. 돈이 소중할수록 공공적으로도 소중하다. 각종 조세 문제를 포함해서 이 시스템을 통해서 최상의 적자, 말하자면 상류계층이 됨과 동시에 이걸 유지하기 위한 엄청난 페널티, 부담을 짊어져야 하는 것. 그런데 상류계층 특징이 경쟁에서 이기는 건 내 힘으로 이기고, 고생해서 1~5%에 들어왔지만 느닷없이 세금 등 도덕적 비난이 밀어닥치면 말할 수 없이 화가 난다. 레스터 서로우의 『부의 구축』에서 저자의 핵심 주장은 '돈=지식과 정보'라는 사실이다. 지식과 정보와 함께 돈은 도시에서 형성되고, 문명에서 구축된다. 그 문명은 교차로에서 나온다. 우리의 교차로, 핵심 교차로, 코인코어는 강남이다. 그렇기 때문에 도덕적 비난은 일정 부분 의미는 있으나 현실적이지 못하고 아무 의미 없다. 그 성격을 잘 이해하는 것, 연결성의 문제를 어떻게 이해하느냐, 긍정성을 어떻게 확장할 수 있겠는가가 문제다. 강남에 입주한 사람들에 대한 긍정적 평가와 함께 그들이 자부심을 느끼고 사회에 이타적, 공적으로 기여할 수 있는 회로를 더 적극적으로 열어줄 방안은 없을까?

경신원: 우리 사회에서 강남이라는 공간의 형성은 부의 이동을 가능하게 했어요. 1980년대 신흥 엘리트 계급이 강남으로 순식간에 이동하면서 단 10년이란 짧은 기간에 그들만의 견고한 성을 만들어버렸어요. 우리 사회의 전통 부르주아가 10년밖에 되지 않은 신흥 엘리트 계급에게 져버린 거죠. 강남은 대한민국의 중심이 되어버렸어요. 계획도시 강남이 갖

고 있는 연결성과 편리함 때문이죠. 강북의 구불구불한 길은 차로 이동하기 너무 어렵고 주차도 어려워요. 그리고 전통 부르주아가 갖고 있는 폐쇄성이 있어요. 높은 담벼락, 사람 하나 없는 골목길, 현대사회 사람들이 원하는 걸 채우지 못한 것이죠. 청담동에 살다가 평창동으로 이사 간 내 친구가 피자 배달 하나 시키기도 어렵다고 투덜거리더라고요. 여든 가까이 되신 자기 어머니만 좋아하신다고. ㅎㅎㅎㅎ

수다쟁이: 우리 사회의 전통 부자가 실패한 이유는 높은 곳, 연결이 끊어진 곳에 살면서 현대사회가 연결사회로 간다는 걸 읽지 못했기 때문입니다. 친구가 성북동 밑에서 카페를 했는데 거기 사는 사모님이 어느 날 와서 여긴 다 자기 집에서 마시지 모여서 마시지 않는다며 장사가 잘 안 될 것이라고 이야기했다는 거예요. 반면 강남은 카페가 엄청나게 발전하잖아요. 강남 아주머니들은 카페에 모여서 오전에는 주식 이야기를 하고, 오후에는 부동산을 보러 다닌다고 하더라고요. 정말 부지런히 다니죠. 전통 부자들은 자기 계층이 안 보이게, 불투명하게 있다고 생각한 거죠. 〈스카이캐슬〉 드라마를 보면 때밀이 아줌마가 재벌 할머니의 때를 밀어주면서 주식 정보를 얻어 자산을 늘리고, 자식을 좋은 교육환경에서 성장시켜 신분상승을 꿈꾸는 게 나와요. 강남은 그런 사람들을 수용하는 공간이라고 봐요. '신분'보다 현재 그 사람이 갖

고 있는 시장에서의 '가치', 즉 '자산'의 정도가 더 중요한 곳이죠.

내가 걱정하는 건, 대한민국이 강북의 전통 부자들이 사는 성북동처럼 될 수도 있다는 거예요. 성북동은 유리벽으로 둘러싸인 곳이죠. 보이지만 들어갈 수 없는 것, 외부와 연결이 끊긴 거예요. 이렇게 되면 대한민국 사회는 다시 일본처럼 능력 상실로 갈 수밖에 없어요. 부동산이 초인플레이션이 되어버리면 넘을 수 없어요. 꿈이란 건 미래에 있는 걸 꾸어오는 건데, 젊은 친구들이 꿈을 상실하는 거예요. 유리벽이 없었는데 유리벽이 생기면서, 보이는데도 못 들어가니 더 비참해집니다. 수도권에 아파트가 얼마나 많아요. 그런데 내가 들어갈 곳이 없다는 게 너무 허탈한 거죠. 대한민국은 어떻게든 이 유리벽을 낮추거나 거둬내야 해요.

경신원: 중요한 건 제2의 강남을 만드는 게 아니라 사람들 가슴속에 내가 사는 곳이 대한민국의 중심이란 생각이 각인되게 해야 한다는 거예요. 사람들이 자기가 사는 지역에 대해 그런 자부심을 가질 때 그 유리벽이 없어질 수 있어요.

수다쟁이: 지금은 교통 사정이 좋지 않아도 줌으로 다 연결되는 새로운 세상이 열렸습니다. 어차피 연결성이 중요하다면 지금은 강원도 치악산 꼭대기에 살아도 다 누리며 살 수 있

어요. 그런데 자꾸 과거의 롤모델을 가져와서 재현하려는 게 문제죠. 강남이 성공한 게 다양한 연결성을 가져다준 폭발력이라면 새로운 도시는 이 시대 패러다임 무엇인지, 어떤 연결을 강화할 것인지, 초연결성을 할 것인지, 연결이 아니라면 새로운 무언가가 있는지를 찾아내서 그걸 바탕으로 구현해야 해요.

경신원: 다음 세대가 원하는 새로운 공간을 만들어내는 게 지금 필요한 거죠. 강남이라는 공간의 재현이 아니라 다음 세대가 원하는 공간의 생산!

수다쟁이: 다행히 풀빵 찍어내듯 하는 많은 실험이 거의 다 안 된다는 걸 우리 사회가 이제 깨달아가고 있어요. 저마다 자기가 사는 거주지가 중심이고, 저마다 자기 삶의 방식이 자존감 있게 자기만족적인 자아를 형성하고, 그런 자아가 다른 사람들과 다른 것을 만나면서 차별화가 아닌 새로움으로 만나는 사회를 '이상적인 사회'라고 말하지요. 그런데 '이상적 사회' 즉 유토피아는 말 그대로 '없는 세계'예요. 없는 세계를 만들려는 노력 못지않게 그에 대한 체념도 중요하다고 생각해요. 체념할 줄 모르는 집념 같은 건 정신병의 측면이라고 봐요. 돈이나 권력이나 모든 좋은 것은 대개 분산되지 않고 모이게 돼 있어요. 그래서 항상 경쟁하게 되고 뛰어

나고 운 좋은 사람들이 모든 것을 독식하게 되어 있어요. 인정하고 싶지 않지만, 어느 정도는 사실이에요. 그것을 인정해야 해요. 그래야 도덕을 넘어 현실이 보여요. 돈이나 권력의 문제는 모여 있는데, 살짝 열려 있듯이 모여야 하는 거죠. 다른 쪽과도 통해야 해요. 유리의 발명이 문명사적으로 중요한 건, 유리는 나를 지켜주면서 바깥과 안전하게 만날 수 있게 해주기 때문입니다. 유리벽은 엄청난 생활공간과 라이프스타일의 변화를 초래했어요. 강남의 벽을 벽대로 인정하면서 벽에 많은 구멍을 내서 사회 연결의 허브가 되면서 강남을 향해 많은 사람이 부러워하는 어떤 것들이, 강남뿐만 아니라 다른 지역에서도 실현되어야지요. 더 나아가서 강남과는 다른 어떤 것, 강남 사람과 차별되는 보다 자기다운 가치를 자존감 있게 실현시켜 '돈으로도 살 수 없는' 각각의 매력 있는 공간을 구현해내야겠지요. "내 거주지가 멋있어, 내 능력으로는 이게 최고 최적지야"라는 느낌이 들게 도시를 만들 수 있어야 한다는 거죠.

경신원: 강남이 선망의 대상이 된 건, 어찌 보면 오래된 유럽의 도시들이 쇠퇴하고 미국이란 나라가 떠오른 것과 마찬가지라고 생각해요. 강남으로 몰려드는 데는 그만큼 다양한 사람을 수용할 수 있기 때문이죠, 과거가 중요하지 않고 현재의 모습이 중요한 거죠. 한마디로 뉘 집 자식인가보다 현재

뭘 할 수 있냐가 더 중요해졌습니다. 강남에는 성북동이나 평창동과 같은 폐쇄성이 존재하지 않아요.

수다쟁이: 존 롤스가 말한 케이크 자르기가 생각나는데요, 케이크를 누가 잘라야 하나, 맨 마지막에 먹을 사람이 잘라야 한다는 거죠. 국가는 맨 마지막에 케이크를 자르는 사람 같아야 합니다. 그런데 현재는 케이크를 똑같이 재단해서 강남을 찍어 누르는 방식으로 하고 있어요. 주거 혜택을 못 받는, 가장 마지막에 케이크를 먹을 수밖에 없는 사람들을 국가가 챙겨야 해요. 케이크를 못 먹으면 죽으니 케이크를 먼저 챙겨주고, 지금 작은 케이크를 먹더라도 나중에 저 큰 케이크를 먹을 수 있겠다는 희망을 줘야 하고, 정부는 또 다른 케이크를 만들어야 해요. 내가 사는 이 도시가 너무 좋아지면 그 자부심을 주는 등 다양한 방식으로 설계할 수 있는데, 거기까지는 아이디어가 못 미치는 것 같아요.

**노동의 가치가
존중되는 사회**

사회가 합리화될수록 횡재할 수 있는 가능성이 줄어든다. 그
런데 사람은 자기 삶에서 한순간의 도약도 필요하고, 삶에서
자신의 실력과 운으로 실현할 수 있는 성취가 있어야 한다.
이제 겨우 맛보기 시작한 자본주의 사회에서 착하고 정의롭
게만 살라는 건 너무 부자연스러운 말이다. 젊은 사람들에게
희망을 준다고 할 때 가능성으로 열심히 일하면 돈을 많이
벌 수 있다는 게 가장 중요한 희망인데, 현재 그 희망이 부동
산을 떠나 이 사회구조 속에서 다른 돈 버는 수단이 있는지
물어보고 싶다.

경신원: 사람들이 순수한 노동을 통해서 정당한 대가를 받을
수 있는 경제활동이 일어나도록 하는 게 정부의 역할입니다.

부동산 시장을 규제하는 데 정부가 자꾸 몰입하면 사람들이 저것밖에 없다고 생각해서 오히려 여기에 올인하게 됩니다. 사람들이 노동에 참여하지 않으면 그 사회는 쇠퇴할 수밖에 없어요. 오늘날 우리 사회는 노동에 대한 가치를 인정하지 않는 이상한 사회가 되어버렸어요. 얼마 전 '적게 일하고 많이 버세요'라는 광고를 봤어요. 너무 어이없었어요. 투기를 조장하고 있어요. 정부의 역할은 젊은 친구들이 자기가 원하는 집을 갖고 싶으면 어느 정도 일하고 돈을 모으고 부족한 금액은 은행에 대출받아서 꿈을 이룰 수 있도록 하는 거죠. 그런데 2021년 대한민국은 젊은 친구들이 희망을 품고 꿈을 꿀 수 있는 사회가 아니에요. 그러니 로또에 당첨되기만을 바라는 거죠.

수다쟁이: 우리 사회가 갖고 있는 모순은 한편에서는 돈을 너무 추상적으로 악마화하면서도, 또 한편에서는 돈을 완전히 신처럼 받든다는 거예요. 그런데 돈을 지속해서 벌 수 있는 가능성을 사회가 닫아버리면 사회가 무너지게 되어 있어요. 그 점을 이해하는 게 굉장히 중요해요. 서양의 근대는 자유, 평등, 박애를 이야기할 때도 식민지를 통해 돈이 무작정 들어오는 구조였어요. 제국주의 서양의 근대와 달리 우리는 식민지 없이 우리끼리 돈 벌면서 사회를 자유, 평등, 박애랄까 균형 있는 사회를 만들어야 하는데 그것이 얼마나 상호모순

적인 역사적 과제인지 우리는 잘 모르고 있어요. 자유주의는 능력을 존중하기 때문에 능력 있는 자와 없는 자를 분리시키죠. 자유주의는 결국, 능력 있는 사람의 자유만을 존중하게 되고 능력 없는 약자의 부자유를 당연한 현실로 인정하는 '자유의 역설 – 자유는 자유를 위해 부자유를 만든다'에 부딪치게 되지요. 그래서 자유와 평등의 균형은 매우 중요해요. 박애—사회적 약자의 고통에 대한 공감과 그 고통에 대한 자발적 참여—가 필요한거지요. 하지만 인류 역사적으로 평등을 자유보다 앞세운 사회는 대개 실패하고, 어쨌든 자유를 평등보다 앞세운 사회가 대개 성장했어요. 자본주의자나 자유민주주의자는 평등과 사회주의적인 사회보장적 인프라를 어떤 방식으로든 도시공간에 집어넣을 수 있어야지요. 사실 추상적으로는 합의가 가능해요. 그러나 구체적인 건 개인의 선택과 결정에 맡길 수밖에 없어요. 왜냐하면 국가의 강제가 현실적으로 불가능하기 때문이죠.

경신원: 강남 문제를 부정적으로 보지 말고, 첫 번째 전제해야 할 건, 강남이 대한민국의 현재를 만들어냈다는 사실을 인정하는 것입니다. BTS와 K-pop 다 강남이 만들어낸 거잖아요. 해외 경험이 풍부한 친구들이 자신들이 해외에서 경험했던 것을 지금 내가 사는 공간에 재현하는 것이 강남이라는 공간이죠. 우리 사회에서 가장 트렌디한 공간이에요. 그래서

가장 최신의 해외의 것을 경험할 수 있는 곳도 강남이죠. 굳이 파리나 뉴욕에 가지 않아도 되는 거죠. 싸이의 〈강남 스타일〉이 왜 떴냐. 싸이는 완전 강남 보이^Boy잖아요. 세계 최고의 스시집이 뉴욕에 있는 것처럼 세계 최고의 미국 음악이 한국 강남에 있어요. 그걸 우리가 부정하면 안 되죠. 어떻게 보면 자본주의적으로 가장 자유로운 공간이죠.

수다쟁이: 신분제 사회와 농경사회, 특히 유교적 문화에서 욕망에 대한 억압은 불가피한 역사적 현실이었어요. 그래서 욕망에 대한 성찰, 인간의 욕망을 어떻게 이해할 것인가는 근대 자본주의 문명에 대한 이해의 필수조건이죠. 요즘 유행하는 말로 "위선보다는 정직"이 중요하다는 거죠. 시인 김수영은 아들에게 사랑을 가르치겠다고 하면서 "욕망이여 입을 열어라"라고 말했어요. 세속적 욕망을 사실로 인정하는 것이 모든 문제를 파악하는 데 기초가 됩니다. 강남에 대한 세속적 욕망과 돈에 대한 탐욕을 비판하고 싶더라도 일단은 강남의 가치를 있는 그대로 긍정하는 것이 중요하다고 봐요. 도덕의 문제는 도덕을 강조할수록, 삶의 질서가 도덕적 질서로 이루어지지 않았다면 더욱 위선적인 함정에 빠지기 쉽다는 데 있어요. 특히 우리의 근대화가 단기간에 이루어졌다는 것이 오늘 고민하는 강남 문제의 핵심적 고려 사항이죠.

경신원: 속도의 문제가 중요하다고 봐요. 속도가 느리면 대체되어버리죠. 속도가 빠르면 동조해버리죠. 그래서 이중의 문제가 생깁니다. 칼 폴라니가 이중의 운동을 이야기했는데요, 너무 빠르게 변하면 반발력이 생긴다고 했어요. 바뀌어야 할 대상과 바꿀 사람이 공존해버리기 때문에 천천히 배우면 자연스럽게 바뀌죠. 서구사회는 사회 시스템이 탄탄하게 갖추어져 있어요. 누가 정권을 잡느냐가 큰 문제가 되지 않아요. 사회의 기본틀이 유지되는 거죠. 하지만 우리 사회는 여전히 시스템이 갖추어지지 않았어요. 그러니까 정권이 바뀔 때마다 힘들어요. 누가 권력을 잡느냐에 따라 변하기 때문이죠. 부동산에 사람들이 맹목적으로 매달리는 것도 사회 시스템이 나를 보호해준다는 믿음이 없기 때문이에요.

수다쟁이: 우리나라는 성장 위주로 가다 보니, 가정처럼 사적 영역에서 책임져야 했던 것들이 마음에 내재화되었기 때문에, 빨리 내가 확보해야 생존이 가능하다는 느낌을 갖고 있죠. 우리가 어릴 때는 그렇게 열심히 공부하지는 않았거든요. 그런데 요즘은 다섯 살부터 공부를 해야 해요. 이게 10년 전부터인 것 같은데, 우리 때는 바짝 공부하기 시작하는 것이 중 2, 3 때부터잖아요. 요즘 아이들은 5세부터 달려서 20세가 되면 너무 지치고 힘든데, 또 달리라고 하니 30세가 되니 그만 달리고 싶은 거죠. 달리는 속도가 너무 빨라요.

4.
아파트라는
공간

문명의 탄생이 강가 근처에서 일어난 것은, 그곳이 여러 이질적인 사람과 문화의 연결지점이기 때문이다. 많은 다양한 것들이 서로 충돌하면서 조정되어지는 기술, 그것에는 커뮤니케이션 기술, 그리고 무엇보다 추상화가 필수적이다. 대문명의 특징은 추상 개념이다. 추상을 현대에서는 웅변으로 보여주는 게 바로 도시다. 다른 의미로는 아파트다. 커뮤니티와 공원만 제대로 되면, 추상공간, 소그룹의 가정, 2~3인 가족의 경우에 아파트는 최적의 공간이다.

경신원: 아파트를 사람들이 선호할 수밖에 없었던 이유는 정부가 기본적으로 도시민들에게 그들이 누릴 수 있는 어메니티amenity를 제공하지 않았기 때문이에요. 아파트 단지는 쾌

적한 녹지공간, 어린이들을 위한 놀이공간, 편리한 관리시설 등을 누릴 수 있는 곳이죠. 누가 성냥갑 같은 집에 가고 싶겠어요. 빨간 지붕에 잔디밭이 있는 이쁜 집에 살고 싶지. 1990년대 후반부터 건설회사에서 아파트 외부조경에 관심을 갖기 시작했어요. 아파트의 브랜드화를 시작하면서 뒤늦게 건설사업에 뛰어든 삼성이 주부의 아이디어를 받아들여 아파트 내부 디자인을 바꾸고, 다른 단지와 차별화를 하려고 아파트 단지 외부조경을 조성하기 시작했어요. 삼성이 지은 아파트 단지에 들어가자마자 다른 아파트 단지에서는 느낄 수 없는 분위기를 만든 거죠. 삼성이 주부의 마음을 확 잡은 거죠.

수다쟁이: 아파트가 가진 가장 큰 장점은 시스템화되어 있다는 거예요. 거기에 가장 큰 장점은 어느 정도의 예측이 가능하다는 거죠. 단독주택에 거주할 때 주부들에게 가장 큰 부담은 주택을 관리해야 한다는 거예요. 하지만 아파트는 관리사무실에 전화만 하면 되거든요. 중앙에서 다 컨트롤해주고 보일러도 다 관리해주니까 너무 좋은 거예요. 시스템이 있으면 예측 가능하고, 시스템이 없으면 항상 내가 다 챙겨야만 합니다. 아파트는 수천 세대가 넘으면 몇만 명이잖아요. 그렇기 때문에 시스템이 더 공고해질 수밖에 없어요. 요즘은 개인이 챙겨야 할 것이 너무 많아져서 주거 문제에서 시스템

화된 게 매우 편리한 거죠. 아파트 단지에 초등학교, 중학교, 고등학교가 있으니 내 삶의 몇 년이 예측 가능해요. 직업, 문화수준, 경제 수준 다 비슷하니 마음 편하게 어울릴 수 있는 거죠.

경신원: 사회적 안전망이 취약하고, 피식민지 지배경험과 극단적 가난, 정치적 불안정 속에서 시달리는 사람들의 삶은 너무 불안정하고 항상 공포스러워요. 첫째 내 것은 내가 챙기자, 절대로 내가 안 챙기면 국가 사회가 세금만 뜯어가지 지켜주지 않는다는 불안감이 있고, 둘째 그런 의미에 약간의 사회적 안전망이라도 일상 삶에서는 굉장히 강한 매혹, 끌림이 있는 거죠. 비싸지만 좋은 시스템이 있는 아파트는 끊임없이 적절한 서비스를 제공해줍니다. 아마 우리나라 사람들이 처음 경험해본 시스템의 보호장치가 아니었을까 생각합니다.

수다쟁이: 도시는 워낙 변화무쌍하기 때문에 예측 가능성을 확보하는 게 정말 중요해요. 10, 20년 뒤도 어느 정도 예측할 수 있어야 살 수 있어요. 앞이 막막하고 아무것도 안 보이면 굉장히 불안해져요. 예측 가능성이 없으면 매우 힘들어집니다. 도시가 메가시티가 될수록 예측 가능성이 너무 빨리 변해서 점점 불확실해져요. 그래서 예측 가능성을 높이기 위

해 시스템과 커뮤니티가 필요합니다. 시스템과 커뮤니티가 잘 갖춰진 아파트 단지에 들어가면 어느 정도 예측 가능성이 확보됩니다. 그게 없는 곳에 덩그러니 떨어지면 미쳐버리는 거죠.

5.
강남, 그리고
아파트

한국 현대 지성사에서 대중적으로 확인해볼 수 있는 키워드는 향서구向西歐 콤플렉스, 향보편向普遍 콤플렉스, 새것 콤플렉스이다. 그에 따른 반대급부로 '우리 것이 최고다', '특수한 것이 오히려 보편적이다', '새것보다 오래된 옛것이 중요하다'고 말하기도 한다. 여기에 크게 위안을 받으면서 배타적인 민족주의적 열정으로 우리의 모든 역사적 과오를 덮으려는 움직임도 있다. G7에 대통령이 초대를 받으니 '가지 말아야 할' 백인종 세계지배체제에 우리가 쏠려 들어갔다는 식으로 비아냥거리는 지식인도 있다.

구한말 때 영국왕립지리학회 회원이었던 비숍이라는 여성이 우리나라에 온 적이 있다. 비숍은 말했다. 세계에서 제일 가난하고 더러운 나라라고. 그리고 얼마 후 그녀는 또 말했다.

'아파트'와 '강남'에 대한 약간 진지한 수다

그토록 가난한 나라에 그렇게 아름답고 정 많고 훌륭한 사람들이 살고 있다니. 그녀는 감동했다. 우리 한국인의 아름다운 내면을 읽은 거다. 그중에서도 한국 여성의 엄청난 '자기희생성'을 봤다. 강남 이전에 한국 근대사는 엄마들이 살렸다. 따로 이야기해야 할 대목인데, 도시의 경쟁과 여성을 이야기해주면서 우리의 내면을 넓힐 필요가 있다. 남자가 말아먹은 나라를 여자가 살린 측면도 있기 때문이다. 그것은 무엇보다 가족을 지키고자 하는 '여성의 자기 희생성'이다. 외향적으로 성공한 남자일수록 아내에 대한 의존도는 거의 절대적이다.

강남의 돈을 비웃고 농촌의 선한 마음과 정성스러움을 강조하는 것은 사실의 왜곡이다. 그렇더라도 온 도시가 콘크리트화되고 자동차 매연에 하늘이 덮이면 당연히 별을 볼 수 없다. 별을 볼 수 없다면 별을 보고 스스로를 성찰하는 마음 또한 잃어버린다. 돈이 있으나 없으나와 별개로 별은 중요하다. 별이 있어야 한다. 사람은 착해야 하고 서로 믿을 수 있어야 한다. 얼굴만 봐도 서로 웃을 수 있어야 안전하게 살 수 있다. 매연 가득한 도시에 별은 '드물게만' 반짝인다. 그렇기 때문에 도시에서 자연, 교육, 문화예술이 더욱 소중하다. 강남은 완벽하지 않다. 그래도 강남은 소중하다. 아무리 사회안전망이 갖추었다고 해도 사람의 선한 마음이 없는 사회안전망은 쉽게 무너진다. 그 요소를 가끔 한 번은 생각해봐야 한다. 도시의 승리가 너무 강남에 좁혀진 감이 있다. 강남이 가진 초연결성, 양호한 구조가 부럽다고 하더라도 강남의 사교육과 강남 아파트의 치솟는 가격이 선망의 대상이 된다고 하더라도 정말로 강남은 우리 사회의 충분한 모델이 될 수 있을까? 강남은 돈과 성공을 넘어 우리 삶의 안전과 성숙을 보장하는 바람직한 상징이 될 수 있을까? 하고 의문을 던져본다.

경신원: 강남을 처음 만든 친구들은 지금 강북을 변화시키는, 불확실성을 즐기는 젊은 친구들처럼 진보적인 사람들이었어요. 유학을 갔다 오거나 해외근무 등을 통해 서구문화를 접한 경험이 있는 프티부르주아 같은 사람들이 강남이란 새로운 공간에 아파트라는 새로운 주거형태를 받아들인 거죠. 자신들이 소유한 사회자본과 문화자본을 바탕으로 경제자본을 형성하며, 강남이라는 공간을 생산해낸 거죠. 처음에 강남은 기회의 땅이었어요. 하지만 40년이란 세월이 지난 지금은 강남 출신이 아니면 강남에 진입하기가 너무 어려워요. 그래서 사람들은 강남에 사는 사람들이 특별하다고 막연하게 생각합니다.

수다쟁이: 강남이 특이한 것은 교육 커뮤니티를 중심으로 하나의 문화 커뮤니티가 형성되어 있다는 거예요. 강남에는 우리 사회의 핵심분야인 회계, 디자인, 법률, IT에 종사하는 사

람들이 모여 사는 커뮤니티 타워가 되었어요. 이들이 강남에 모이는 이유는 강력한 교육과 주거, 네트워크, 정보가 있기 때문입니다.

경신원: 강남은 우리 사회에서 오랫동안 억압되었던 여성이 만든 공간입니다. 사회 진출 기회가 적었던 똑똑한 여성들이 강남이라는 그들만의 공간을 만든 거죠. 내 책의 주인공을 두 모녀로 설정한 것도 바로 그런 이유 때문입니다. 우리 사회에서 부동산과 여성을 분리해서 생각할 수 없어요. 특히 강남 개발은 더욱 그렇죠. 아무리 정부가 강남 개발계획을 수립했다고 해도 오늘의 강남을 만든 건 역시 여성입니다.

수다쟁이: 강남은 대한민국 안채와 같은 공간이라고 봐요. 강남 안채의 아주머니 마인드는 신사임당이죠. 신사임당처럼 자기 그림도 그리고 문화활동, 역량 발휘할 수 있는 일도 같이하면서 자식들 교육도 멋지게 해내죠. 그래서 자아실현과 현실 두 마리 토끼를 다 잡을 수 있는 공간이 강남입니다. 처음엔 억척스러웠겠지만 이제는 누릴 수 있는 공간의 상징성을 갖고 있어요. 전에는 강남 같은 데가 또 있을 수 있다고 생각했어요. 그런데 오늘 이야기하면서 대한민국의 안채란 생각에 이거 쉽지 않겠단 생각이 들었어요. 왜냐면 안채가 만들어지는 건 쉬운 일이 아니거든요. 사랑채는 계속 바꿀 수 있

지만, 산업구조는 정부 연결성이 원거리로 즉각적으로 가능하지만, 팬데믹 시대 이후로 산업구조가 굉장히 바뀌었기 때문에 훨씬 원거리적인 것들이 나올 거란 말이죠. 실리콘밸리가 나오지만 더 이상 커지지 않는다죠. 그 안에서 주거비도 많이 들고 교육도 별로 안 좋고 거긴 안채가 없다고 봐요.

경신원: 지금은 비수도권에 거주하는 분들이 현금을 싸들고 와서 강남의 아파트가 매매로 나오기를 기다렸다고 들었어요. 지방의 대형평수 아파트의 자산적 가치가 강남의 작은 아파트의 절반에도 못 미치니까요. 은행대출을 못 받도록 하니까 현금부자에게만 강남 아파트를 소유할 기회가 주어지는 거죠. 정보의 집중을 피할 수 없는 것처럼 돈의 집중을 막을 방법이 많지 않아요. 그건 국가의 공권력이 개인의 사적 권력을 압도할 만한 명분과 정통성이 있어야 하는데, 이것도 상당 부분 개인의 자유를 억압하는 행위라는 거죠. 힘 있고 강한 자들이 더 탐욕스러울지 몰라도 현실화시킬 만한 탁월한 아이디어와 네트워킹, 결단력은 있다고 봐요. 강남 거주자들을 향해 돈은 있으나 인간적으로 부족하고 무능한 사람이 오로지 부모 찬스로 됐다는 식으로 비난하는 건 일종의 도덕적인 자기기만적 만족감만 주는 거예요. 우리 사회 부동산 정책의 실패는 우리 사회가 어떻게 변화했는지, 물질적 욕망의 흐름을 이해하지 못했다는 데 있어요. 지나친 도덕주

의라고 해야 하나…….

수다쟁이: 근대 이전 서양 사상의 흐름을 보면 개인이 가진 초월적 욕망만 어느 정도 열어놓고 나머지는 닫아놓은 상태였던 것 같아요. 근대 이후 데카르트, 마르크스가 오면서 사람, 관계에 대한 욕망이 열리고, 생각하는 나, 문화적인 나, 노동적인 나, 존재하는 나…… 그리고 더욱 거세게 물질적 욕망까지 온 것 같아요. 이제는 사람에 대한 욕망, 가족애, 친구, 연인이 다 열리고, 그다음 물질적 욕망도 소수에서 다수로 금지되었던 게 다 열린 거죠. 헤겔이 추상적으로 말한 자유에로의 진보는 세속적 물질적 욕망의 확산이었던 거죠. 지금은 물질 욕구가 가장 중요하다고 생각해요. 내가 먹는 코카콜라나 트럼프가 먹는 코카콜라가 똑같다는 건 아주 중요한 거지요. 물질 욕망이 열린 시대에서 물질이 나의 기반이 된다는 걸 깨닫기 시작한 거죠. 그것도 먹는 거냐 입는 거냐 주거의 욕망이냐가 단계적으로 열리는 것 같기도 하고 동시에 열리는 것 같기도 해요. 명품 소비, 주거의 위치성, 교육, 먹는 것도 예전처럼 뷔페 식으로 먹는 게 아니라 정성 들여 분위기와 누구와 같이 어떻게 먹느냐, 그런 것들이 다 개방됐잖아요. 어쨌든 누릴 수 있는 사람은 한정될 수밖에 없고, 사람에 대한 욕망이든 물질에 대한 욕망이든 한계가 있을 수밖에 없어요. 당연히 특정적인 어디에 집중될 수밖에

없고 사람들은 그곳을 선망하게 되죠. 그러니까 강남으로 몰리는 거죠. 강남은 어디로든 움직이기가 너무 좋잖아요. 그런 곳이 또 생길 수 있을까 하는 물음표가 생겼어요. 전만 해도 도시재생으로 제2, 제3의 강남을 만들 수 있지 않을까 했는데…….

경신원: 강남이란 요새는 굉장히 특별한 여러 요소가 결합해서 만들어진 공간이잖아요. 지금 다른 도시를 재생해야 하는데, 그 도시를 다시 살리려면 강남이 가진 요소가 아니라 지역이 가진 지역성을 재해석해야 한다고 봐요. 여기에 사람들이 어떻게 모여들 수 있는지. 실리콘 밸리는 벤처들을 위해 최적화된 도시잖아요. 실리콘 밸리처럼 목적성을 부여한 도시를 만들어야 해요. 예를 들어 강원도에 실리콘 밸리 같은 벤처 타운을 만든다고 하면, 거기에 어떤 요소를 넣어야 할지 고민해야 하죠. 강남은 특이하게 주거지가 성공한 지역인데, 요즘처럼 인구가 줄어드는 이 시점에 주거지 중심의 개발로는 성공하기 어려워요. 다른 지역은 다르게 접근해야 하죠. 돈을 벌 수 있는 방법이 다양해졌으니 새로운 세대가 원하는 적합한 공간을 만들어줘야 한다는 거죠. 이 도시에 무엇을 제공해줄 수 있고 얼마나 머물 수 있는지를 고민해야 해요.

수다쟁이: 모든 이야기를 정량화하는 것이 약간 허망하게 하는 요소가 있어요. 집값만을 기준으로 한다면 모든 돈은 어쨌든 가격으로서 가치의 수직구조를 만들 수밖에 없어요. 모든 사람이 부자가 될 수는 없잖아요. 부자가 되는 순간 부자는 또 변화하고 다양한 계층의 부자는 나눠지게 돼 있거든요. 마르크스가 가지고 있는 대표적인 도덕적 자기 확신의 오류가 "만국의 노동자여, 하나가 되어라"는 것이었어요. "우리가 잃을 건 쇠사슬밖에 없다." 마르크스는 노동계급이 그 안에서 자기 분화, 자기 갈등이 있으리라고는 상상도 못했어요. 당연히 부자 또한 마찬가지죠. 부자들도 서로서로 갈등하고서 분화되지요.

경신원: 비슷한 맥락으로, 강남이 우리나라에서 처음으로 중산계층을 만든 신도시잖아요. '이 정도 되면 나는 중산층이야'라는 만족감을 준 거죠. 지금은 중산층이 중하, 중중, 중상층으로 세분화하기 시작했어요. 중하층이 뭐냐고 물어보니까 어느 정도 교육을 받았기 때문에 노동자 계층은 아니지만, 강남에 집이 없는 사람이라는 거예요. 그럼 중중층은 뭐냐니까 강남에 집이 있고, 갭 투자로 집이 하나 더 있고 여유 자금이 최소 5억은 있어야 된다는 거예요. 그리고 중상층은 강남에 빌딩이 있고 대형 평형의 아파트가 있고 여유 자금이 10억은 있어야 한다는 거예요.

6.
서울로의 집중화,
그리고 강남

수다쟁이: 도시가 급격하게 성장하면서 돈이 도시로 다 집중되고 있어요. 90% 이상의 돈이 서울로 다 집중되고 있습니다. 정부는 계속 지방으로 돈을 돌려야 하는데 방법이 없는 것 같아요.

경신원: 방법이 없는 게 아니라 좀 더 창의적인 생각을 못하는 거죠. 지금 실험적으로 해보려는 사업이 있는데, 경제적 재생을 하는 데 여기에 문화 콘텐츠를 넣어서 어떻게 살려볼 것인지를 보고 있어요. 경제활동이 일어나야 젊은 친구들이 와요. 지금 젊은 친구들은 밤낮없이 일하는 게 아니라 일정 시간 미친 듯이 일하고 나머지 시간은 서울에서 먹던 커피, 그때 먹었던 그 맛집, 여유시간에 조용한 데 가서 음악 듣고

'아파트'와 '강남'에 대한 약간 진지한 수다

싶고 문화생활을 하고 싶어 해요. 이런 욕구를 채워줄 수 있어야 한다는 거죠. 이런 것이 없으면 일만 하고 다른 지역으로 가버려요. 그럼 소비가 일어나지 않죠. 도시가 살려면 경제활동과 소비활동이 동시에 일어나야 합니다.

수다쟁이: 정부는 도시재생, 지역재생을 링거로 수혈하듯이 여기서 세금을 걷고 지방에 붓는데 돈이 돌아야 하는데 다시 서울로 돌아와서 돈을 써요.

경신원: 정부주도의 지역재생이 제대로 실행될 수 없는 이유는 제한된 시간 안에 성과를 내야 한다는 조바심 때문에 어쩔 수 없이 또 물리적 재생에 집중하기 때문이죠. 가시적인 게 가장 좋아서 페인트칠하고 벽화만 계속 그리는 거죠. 사회경제적 재생은 시간이 오래 걸리기 때문에 현재 정권의 집권 기간에는 할 수 없다는 거죠. 내가 이것을 했는데 다음 정권이 혜택을 받게 생겼으니 싫은 거죠. 민간인이 들어가서 산업생태계를 만들어주려면 굉장히 많은 시간이 걸려요. 활동하는 스타트업을 지원해야 하고, 활동할 친구들을 모으려면 젊은 친구들이 좋아할 환경(숍, 힙한 공간 등)을 만들어줘야 하잖아요. 또 민간기업은 왜 못 들어오느냐, 재생이 필요로 한다는 건 그만큼 낙후됐기 때문에, 어느 누구도 희생하고 싶지 않은 거죠. 민간의 입장에서는 돈만 들어가게 생긴

거죠. 그래서 이건 공공과 민간과 모든 사람이 오랜 시간 함께 들어가야 성공할 수 있어요. 에드워드 글레이저 교수의 책 『도시의 승리』에서 그동안 도시재생이 실패했던 이유가 공공정책이 너무 급한 마음에 주택공급을 너무 많이 한다든지, 눈에 보이는 랜드마크를 세운다든지 하는 물리적 재생에만 치중했기 때문이라고 했어요. 그러나 서구에서는 사람이 바뀌지 않고는 성공할 수 없다는 걸 깨달은 거죠. 그래서 도시재생이 물리적 재생에서 사회경제 재생으로 바뀐 거예요. 도시의 성공은 사람에게 있어요.

그때 집을 꼭 샀어야 했을까?

2000년대 초반, 영국으로 떠나기 전 주택과 관련한 연구소에서 근무하는 동안에도 주택과 관련한 문제는 궁극적으로 부족한 주택의 양적 공급에 있다고 생각했다. 우리의 삶과 관련한 여러 복잡한 요소가 응집된 주택의 문제를 단순한 '수요와 공급'이라는 다분히 일차원적인 시장논리로 치부해버렸다. 세계 다른 어느 나라에서도 찾아볼 수 없는 '주택보급률'(주택 수를 가구 수로 나눈 것)이라는, 이 다소 자위적인 통계적 숫자가 제발 상승하기만 바라고 있었다. 주택보급률이 100%에 도달하면 모든 문제가 해결되리라는 맹목적 믿음을 갖고 있었다.

2002년 우리 사회는 바라던 소원을 드디어 성취했다. 주택보급률이 100%를 넘은 것이다. 하지만 그 자위적인 통계엔 1인 가구가 포함되지 않은 허점이 있었다. 통계가 사회적 변화를 반영하지 못했던 것이다.

2008년 정부는 1인 가구를 반영한 새로운 주택보급률 통계를 내놓았다. 새로운 통계에 따르면, 2005년에도 주택보급률은 98.3%로 여전히 100% 미만이었다.

2018년 현재 주택보급률은 104.2%이다. 그동안 우리를 지배해왔던 그 단순한 '수요와 공급'이라는 시장논리에 따르면, 모든 국민이 주거의 불안정에서 벗어나 안락한 주거생활을 영위해야 한다. 부동산 문제는 더 이상 논란거리가 되어서는 안되는 거였다.

그러나 2021년 대한민국을 뒤흔드는 가장 큰 문제는 코로나19 바이러스와 관련된 것을 제외하고 여전히 부동산이다. 미친 듯이 오르는 전세가와 매매가에 대한 이야기로 연일 신문과 뉴스에서 시끄럽다. 주택보급률이 100%를 넘었는데도 주택가격이 안정되기는커녕, 여전히 고공행진 중이다 비록 정부가 아무리 '집을 거주공간이 아니라, 투기수단으로 전락시키는 일'을 용납하지 않겠다고 으름장을 놓아도 사람들은 여전히 '온몸과 영혼을 끌어모아 집 장만'에 뛰어들고 있다. 주택에 대한 정부의 규제가 심해질수록 사람들의 주택에 대한 열망은 더 커지는 듯하다.

'서민들이 안심하고 사는 주거환경'을 조성하기 위해 정부
가 내놓은 공공임대주택 물량의 확대에 대한 사람들의 냉담
한 반응도 바로 이러한 열망에 기인한다. 공공임대주택으로
의 입주는 주거의 불안정을 어느 정도 해결해줄 수 있다. 그
러나 주거의 불안정보다 이들을 더 불안하게 만드는 건 '주
택 마련'이라는 숨 가쁜 경주에 참여조차 할 수 없을 것이라
는 심리적 압박감이다. 그리고 이로 인해 나타날 사회적, 경
제적 추락이다.

이 경주의 비참여, 즉, 주택을 소유하지 못하거나, 혹은 선택
적으로 소유하지 않음은 곧 자산의 극명한 차이를 의미하기
때문이다. 그야말로 '돈을 찍어내는 기계'인 아파트를 왜 포
기하겠냐 말이다. 이는 자신만의 문제가 아니라 순간의 선택
이 자신의 자녀세대에까지 영향을 미치리라는 불안감이다.
1990년대 초 더욱더 쾌적한 주거환경을 찾아 강남의 오래
된 아파트를 버리고 신도시로 떠나 건너지 못할 강을 건넜다
고 땅을 치며 후회하는 부모세대를 목격했기 때문이다.

우리 사회의 집에 대한 지나칠 정도의 열정은 왜 수그러들지
않는 걸까?

해방둥이와 베이비부머 세대에게 집은 자신과 가족의 주거 안정과 노후를 책임질 수 있는 '사는 곳'과 '사는 것'으로서의 공간으로 인식된다. 즉, '내 집 마련'이 가장 중요했다. 하지만, 현재 40, 50대가 된 X세대와 20, 30대 밀레니얼에게는 나의 '어떤' 집이 '어디'에 있는지가 가장 중요하다. 집은 그들의 사회적, 경제적 위치를 말해주는 '바로미터'가 되었다.

가파른 경제성장의 시기를 보낸 해방둥이 세대의 전폭적인 관심과 보호 속에서 성장한 X세대와 어떤 세대보다 치열하게 경쟁하고 질 높은 교육을 받은 밀레니얼은 우리 사회에서 물질적으로 풍요로운 성장기를 보냈지만, 불안정한 경제상황과 고용환경 속에서 미래를 꿈꾸기 어려운, 꿈을 잃어버린 첫 세대가 되었다.

대학교 졸업과 동시에 학자금 대출금을 갚아야 하고, 낙타가 바늘구멍으로 들어가는 것만큼 어려운 취업의 관문을 뚫고 직장을 구해도 소득에 대비해 터무니없이 오른 집값과 대출 규제가 그들을 좌절시키고 있다. 내 집 마련부터 해야 결혼, 출산이 가능해진 오늘날의 상황에서 집은 어느 때보다 절실한 생존욕망의 대상이 된 것이다.

열심히 노력한 만큼의 보상이 가능했던 시기를 보낸 그들의 부모세대와 달리, X세대와 밀레니얼은 경제가 성장을 해도 일자리가 늘어나지 않는 '고용 없는 경제성장'의 한국사회를 살아가고 있다. 한국은행이 발표한 '2019년 산업연관표'를 보면 2019년 전체 산업의 취업유발계수는 10.1명으로 2018년과 동일하다. 취업유발계수는 생산이 10억 원 늘어날 경우 창출된 취업자 수를 의미한다. 취업유발계수는 2015년 11.4명에서 지속적으로 감소하고 있다. 고용 없는 경제성장은 소득 불평등과 사회적 양극화를 심화할 뿐만 아니라 노동의 가치에 대한 존중마저 사라지게 하고 있다.

'적게 일하고 많이 버세요'라는 광고문구가 거리의 전광판을 가득 채우고 있다. 자고 일어나면 천정부지로 치솟는 아파트 가격을 보며 노동의 가치에 대한 의구심이 드는 건 어쩌면 당연한 일이다. 평범한 직장인이 아무리 열심히 일해도 도저히 모을 수 없는 천문학적 숫자인 것이다. 그래서 사람들은 여전히 '그때 집을 꼭 샀어야 했다고' 믿는 것이다. 어쨌든 정부의 공허한 약속보다는 똘똘한 집 한 채가 더 믿음직스러우니까.

2021년 대한민국은 더 이상 미래에 대한 꿈을 꿀 수 있는 사회가 아니다. 그러니 로또에 당첨되기만을 바라는 것이다. 노동의 가치가 존중되지 않는 사회는 쇠퇴할 수밖에 없다. 지금 우리에게 필요한 건, 노동을 통해서 정당한 대가를 받을 수 있는 경제활동이 가능한 사회, 기회의 평등이 주어지는 사회를 만드는 일이다.

집이 없으면 아무것도 할 수 없는 시대. 집을 통해서 '거주의 가치'뿐만 아니라 '자산의 가치'를 함께 실현하려는 꿈을 너무도 일찍부터 포기할 수밖에 없는 '집 없는 젊은 세대'의 '이중 고통'을 우리 사회는 얼마나 공감하고 절실히 이해하고 있는가?

참고문헌

정지성·송민근, 「집값 올 33% 뛴 세종시, 주담대 증가율도 1위」, 《매일경제》, 2020년 8월 20일.

엄마 말대로 그때 아파트를 샀어야 했다

고용 없는 경제성장시대에 '집'이란 무엇인가?

초판 1쇄 인쇄 2021.08.05
초판 1쇄 발행 2021.08.10

지은이 경신원
펴낸이 김선식

경영총괄 김은영
편집주간 김지환
책임마케터 권장규
마케팅본부장 이주화
마케팅2팀 권장규, 이고은, 김지우
미디어홍보본부장 정명찬
홍보팀 안지혜, 김재선, 이소영, 김은지, 박재연, 오수미, 이예주
뉴미디어팀 김선욱, 허지호, 염아라, 김혜원, 이수인, 임유나, 배한진, 석찬미
저작권팀 한승빈, 김재원
경영관리본부 허대우, 하미선, 박상민, 정성진, 김민아, 윤이경, 이소희,
            이우철, 김재경, 최완규, 이지우, 김혜진
디자인 노승우 본문 일러스트 윤여경 표지 그림 조효은

펴낸곳 다산북스 출판등록 2005년 12월 23일 제313-2005-00277호
주소 경기도 파주시 회동길 490
전화 02-704-1724
홈페이지 www.dasanbooks.com
이메일 samusa@samusa.kr
용지 IPP · 인쇄 영진문원 · 후가공 제이오엘앤피 · 제본 정문바인텍

ISBN 979-11-306-4040-2 03300